Bettina Geißler

Freier Schreibtisch freier Kopf

Aufgeräumt durch den Büroalltag

EDITION XXL

Inhalt

Einführung 4

Hilfreiche Grundsätze, Prinzipien und Techniken 7
Grundsätzliches 8
Gewusst wie: Prinzipien und Techniken einer guten Organisation .. 20

Der übersichtliche Schreibtisch 37
Das Leertischlergeheimnis 38
Ihr persönlicher Power-Schreibtisch 53

Immer gut organisiert 57
Nützliche Helfer 58
Stapelwesen 67
Die Wiedervorlage 76
Die Ablage – kein Buch mit 7 Siegeln 84

Ebbe und Flut 99
Sinnvoller Umgang mit Papier und Informationen....................100
Der E-Mails Herr werden: Alles zu seiner Zeit.........................110

Mit PEP an den Schreibtisch:
Ihr persönlicher Entwicklungsplan..............................119
Checklisten..120
Ihr Wohlfühl-Arbeitsplatz 124

Register..142

Einführung

Die Schreibtischarbeit ist in den letzten Jahren und Jahrzehnten nicht weniger geworden. Was sich jedoch verändert hat, ist die Art, wie sie erledigt wird. Einen Großteil davon verrichten wir am Computer – und seitdem träumen viele Menschen vom papierlosen Büro. Bei den meisten ist dies jedoch bis heute ein Traum geblieben. Sie arbeiten nach wie vor mit viel Papier und können daher auf Werkzeuge zur Organisation der Papierflut nicht verzichten. Als die E-Mail erfunden wurde, befürchtete die Papierindustrie einen deutlichen Rückgang des Papierverbrauchs, doch genau das Gegenteil ist eingetreten. Die meisten Menschen brauchen Papier: zum Anfassen, zum Beschreiben, zum Bemalen und Kennzeichnen, zum besseren Lesen, für schnelleren Zugriff, zum Mitnehmen und Weitergeben … Daher werden sehr viele Mails und Informationen, die wir uns aus dem Internet holen, ausgedruckt. Mit dem Ergebnis, dass Papier aus unseren Büros und von unseren Schreibtischen nach wie vor nicht wegzudenken ist. Beim Pro-Kopf-Verbrauch rangierte Deutschland mit 228 kg weiterhin auf Rang 6. Führend sind Belgien/Luxemburg (317 kg/Person). Der durchschnittliche Pro-Kopf-Verbrauch weltweit betrachtet liegt bei 54 kg (Quelle: www.vdp-online.de).

Sicher kennen Sie Aussagen wie: „Ein Genie beherrscht das Chaos." Oder: „Ich brauche dieses kreative Chaos." Kreativität in allen Ehren, aber an den Schreibtisch und ins Büro gehört sie in dieser Form nicht. Und nicht selten sind diese Sprüche lediglich Ausreden für die vollen Schreibtische und das, was wirklich dahintersteht: keine Lust, aufzuräumen; keine Vorstellung, wie man das Chaos in den Griff bekommen könnte … Viele Menschen, die an einem Schreibtisch arbeiten, haben nie eine Anleitung in dieser Richtung erhalten. Sie haben ihr System selbst entwickelt und kommen damit so einigermaßen über die Runden. Für eine Optimierung haben sie oft keine Zeit, keine Idee und daher auch keinen Antrieb, damit anzufangen. Und meist sind andere Dinge wichtiger oder reizvoller.

Andererseits wünschen sich viele Menschen mehr Ordnung an ihrem Arbeitsplatz. Denn wir alle haben ein grundsätzliches Bedürfnis nach Ordnung, auch wenn dieses von Mensch zu Mensch unterschiedlich stark ausgeprägt ist. Ordnung gibt uns Struktur sowie Halt und vermittelt innere Ruhe. Untersuchungen zeigen, dass wir dennoch täglich durchschnittlich 1,5 Stunden mit Suchen beschäftigt sind – nicht nur in Papierbergen, sondern auch in unseren Dateien auf dem PC. Wertvolle Zeit, die wir anderweitig nutzen könnten. Und das Kuriose daran ist, dass wir uns oft nicht die Zeit zum Aufräumen nehmen, uns dann aber irgendwann die Zeit zum Suchen nehmen müssen. Um diesen Stress zu reduzieren und damit Sie freudvoll an Ihren Schreibtisch gehen, gibt Ihnen dieses Buch Tipps und Anregungen, wie Sie Ihren Arbeitsbereich noch übersichtlicher gestalten können. Schaffen Sie regelmäßig Ordnung, aber übertreiben Sie es nicht. Wie in vielen Bereichen ist auch hier der erste Schritt der wichtigste und oft auch der schwerste.

Schon Plato wusste: „Der Beginn ist der wichtigste Teil der Arbeit." Haben Sie erst einmal angefangen aufzuräumen, entwickelt sich eine Art Sogwirkung. Und den ersten Schritt haben Sie schon getan, indem Sie dieses Buch gekauft haben und sich mit dem Thema befassen. Picken Sie sich nun die Dinge heraus, die am besten zu Ihnen und Ihrer Arbeitsweise passen.

Viel Freude und Erfolg dabei!

Hilfreiche Grundsätze, Prinzipien und Techniken

Viele von Ihnen kennen diese Situation: Gestern Abend war der Schreibtisch noch aufgeräumt und übersichtlich – und kaum sitzt man eine Stunde daran, herrscht schon wieder ein „Chaos". Da können Sie noch so viel aufräumen, die neue Ordnung hält nicht lange an. Hier helfen einige Grundsätze, Prinzipien und Techniken, dauerhaft Ordnung zu schaffen und die Übersicht auf Ihrem Schreibtisch zu behalten. Und vermutlich kennen Sie bereits einige davon. Doch wirklich wertvoll werden diese Tipps erst, wenn Sie die für Sie passenden gefunden haben und diese dauerhaft umsetzen – auch in turbulenten Zeiten. Geben Sie sich gerade in Umgewöhnungsphasen Zeit und achten Sie kritisch darauf, ob sich die jeweilige Technik oder das jeweilige Werkzeug in Ihrem Arbeitsalltag tatsächlich bewährt.

Grundsätzliches

Das Gewusst-wie ist jedoch nur der halbe Weg zu einem dauerhaft aufgeräumten Schreibtisch. Die größere Herausforderung liegt häufig in grundsätzlichen Fragen und Haltungen: Was bedeutet Ordnung für Sie? Wie viel Ordnung brauchen Sie? Wie wichtig ist Ihnen das Thema? Wann fühlen Sie sich an Ihrem Arbeitsplatz wohl? Was benötigen Sie, um möglichst produktiv zu arbeiten? Wie schaffen Sie es, Ordnung zu machen und zu halten? Wie viel Zeit und Energie möchten Sie hierfür investieren? Und ganz wichtig für die Umsetzung: Machen Sie bitte Schluss mit Selbstvorwürfen und freuen Sie sich, wenn der Elan Sie packt und es wieder einen Tag des Aufräumens gibt.

> Es ist nicht genug, zu wissen, man muss es auch anwenden.
> Es ist nicht genug, zu wollen, man muss es auch tun.
>
> *Johann Wolfgang von Goethe*

● **Weniger ist mehr**

Der Jahreswechsel ist ein klassischer Zeitpunkt für gute Vorsätze. Sehr oft bleibt es aber bei den guten Vorsätzen – und bei einem schlechten Gewissen sowie Ärger auf sich selbst. Eine häufige Ursache dafür ist, dass die entsprechenden Vorhaben zu unkonkret formuliert sind, also eher als Wunsch denn als konkretes Ziel, zum Beispiel: „Ach, es wäre schön, wenn mein Schreibtisch etwas ordentlicher wäre ..." Eine weitere Ursache, weshalb Vorhaben und Veränderungen scheitern, ist deren Umfang. Wir nehmen uns meist zu viel auf einmal vor. Der Berg, den wir dann vor uns sehen, erdrückt und lähmt uns. Der Schritt, den wir zu gehen haben, ist viel zu groß und/oder zu zeitaufwendig. Vielleicht kennen Sie ja Beppo den Straßenkehrer aus dem Buch *Momo* von Michael Ende. Beppo ist ein sehr geduldiger Straßenkehrer, der sich immer viel Zeit lässt, ehe er eine Antwort gibt. Und von ihm stammt der Tipp, immer nur das nächste Stück der Straße zu sehen, statt bis ans Ende der langen Straße zu blicken und sich dadurch vielleicht entmutigen zu lassen. Bei größeren Projekten machen Sie also besser einen Schritt nach

dem anderen. Knöpfen Sie sich immer nur einige wenige, überschaubare Häppchen vor, das jedoch kontinuierlich. So nehmen Sie großen Aufgaben den Schrecken. Und es ist erwiesen, dass viele kleine Schritte dauerhaft größeren Erfolg bringen als ein Riesenschritt – zudem kosten kleine Schritte weniger Energie.

Von heute auf morgen das komplette Ordnungssystem an Ihrem Arbeitsplatz zu verändern wäre eine riesige Herausforderung, die viel Zeit kosten würde. Diese Zeit haben wir aber in der Regel nicht. Hinzu kommt, dass wir uns bei einer 360-Grad-Änderung an ein völlig neues System gewöhnen müssten – das kostet ebenfalls Zeit, da wir in der Umgewöhnungsphase langsamer agieren. Das neue, hochgesteckte Ziel „Ab morgen wird alles anders" kann sehr großen Druck aufbauen. Die Gefahr, dass wir wieder in unsere alten Routinen zurückfallen und das Ganze als gescheitertes Projekt ansehen, ist hoch. Würden wir das ganze System um 360 Grad drehen und ab morgen „alles anders" machen, würde zudem unsere Umwelt einen Kulturschock erleiden. Abgesehen davon ist es bei den wenigsten Themen nötig, wirklich das komplette System

Übung: Nutzen Sie Ihre Erfahrungen

Blicken Sie auf Ihre letzten Projekte beziehungsweise Vorhaben zurück:

- Bei welchen Vorhaben haben Sie die „Salami-Taktik" schon einmal angewandt?
- Wie sind Sie vorgegangen und wie hat es funktioniert?
- Wie können Sie sie auf Ihr Vorhaben „aufgeräumter Schreibtisch/Arbeitsplatz" übertragen? Was möchten Sie ändern? In welchem Zeitrahmen? UND: Welche Einzelschritte sind sinnvoll, um das zu erreichen?

zu verändern. Nehmen Sie sich daher lieber nur wenige oder kleinere Veränderungen vor und wenden Sie diese dauerhaft an. Haben Sie ein oder zwei Themen verändert und im Griff, nehmen Sie sich die nächsten Punkte vor.

Diese „Salami-Taktik" können Sie auch auf andere Bereiche übertragen. Würden Sie jeden Tag nur 3 Vokabeln einer Fremdsprache lernen, hätten Sie sich nach einem Jahr einen beachtlichen Wortschatz angeeignet.

● **Entscheidungen treffen**

Sie nehmen einen Vorgang zur Hand und stellen fest, dass Sie keine Ahnung haben, was Sie damit machen wollen oder wo er hingehört. Sie legen den Vorgang daher „erst einmal" irgendwohin. Irgendwann, zu einem späteren Zeitpunkt, halten Sie den Vorgang dann wieder in den Händen. Das gleiche Szenario: Sie haben keine Idee, was damit zu tun ist, oder manchmal auch keine Lust, sich jetzt mit dem Vorgang auseinanderzusetzen. Und der Vorgang landet erneut „erst einmal" irgendwo – meist auf einem bereits vorhandenen Stapel. Dadurch, dass wir Dinge

mehrfach anfassen und dann „erst einmal" irgendwohin legen, entstehen Unordnung, Stapel und Wanderdünen.

Der Grund für dieses undefinierte Hin-und-her-Räumen der Unterlagen ist, dass wir in diesem Moment keine Entscheidung treffen. Ja, Sie haben recht, wir müssen Tag für Tag zahllose Entscheidungen treffen – was manchmal sehr anstrengend ist. Und manchmal haben wir so viele Aufgaben auf unserer To-do-Liste, dass es uns schwerfällt, uns jetzt auf diese Aufgabe einzulassen. Trotzdem hat es Vorteile, wenn wir entscheiden: Wir treffen die Entscheidung selbst und wir bekommen Dinge vom Tisch. Treffen wir keine Entscheidung, entscheiden manchmal andere für uns. Und: Aufgeschoben ist nicht immer aufgehoben.

Manche Dinge erledigen sich durch das Liegenlassen nicht von selbst. Sie kommen wie ein Bumerang immer wieder zurück. Und mit jedem Mal wird der Druck höher.

Es gibt Menschen, denen fällt es sehr leicht, Entscheidungen zu treffen. Manche sind dabei allerdings zu leichtfertig im Sinne von: „Was interessiert mich mein Geschwätz von gestern?" Sie entscheiden heute so und morgen so, ohne groß darüber nachzudenken und meist ohne böse Absicht. Gehören Sie dazu? Dann halten Sie öfter einmal inne und denken Sie über mögliche Konsequenzen und/oder Alternativen nach.

ist, keine Entscheidung zu treffen. Hinzu kommt, dass es sich bei den Entscheidungen, über die wir hier sprechen, nicht um Entscheidungen handelt, die Ihre langfristige Berufs- und Lebensplanung betreffen. Es handelt sich lediglich um die Entscheidung: Wohin mit diesem Vorgang? Oder: Was genau tue ich mit diesem Vorgang?

Wenn Sie merken oder wissen, dass Ihnen die vielen kleinen tagtäglichen Entscheidungen

Andere tun sich dagegen schwer, eine Entscheidung zu treffen, da sie fürchten, es könnte die falsche sein. Sicher, hinterher ist man immer klüger, doch sollte Sie das nicht lähmen. Treffen Sie Ihre Entscheidungen nach bestem Wissen und Gewissen und anhand der Informationen, die Ihnen im Moment vorliegen. Denn selbst wenn in einer Woche oder in einem Monat die Situation eine andere ist und Sie nun anders entschieden hätten, gilt: Die schlechteste Entscheidung

Hilfreiche Grundsätze, Prinzipien und Techniken

schwerfallen und Sie Mails wieder schließen, ohne eine konkrete Aktion eingeleitet zu haben, oder Vorgänge „erst einmal" irgendwohin legen, dann hilft Ihnen vielleicht Folgendes:

Werkzeuge: (K)eine Entscheidung treffen

Stellen Sie EINEN Ablagekorb auf Ihrem Schreibtisch auf. Dort kommen alle Vorgänge hinein, zu denen Sie jetzt keine Entscheidung treffen wollen. (Für die EDV: EINEN Ordner für Mails ohne Aktion.) Notieren Sie in Ihrem Kalender pro Tag ein Zeitfenster – gern zu einem festen und immer gleichen Termin – und nehmen Sie sich dieser „Dinge ohne Entscheidung" an. So hat alles einen festen Platz, Sie vergessen nichts und Sie bearbeiten die Vorgänge kontinuierlich. Da Sie an unterschiedlichen Tagen unterschiedlich entscheidungsfreudig sind, hier noch eine kleine Ermunterung aus dem Munde des römischen Philosophen und Schriftstellers Cicero: „Wenn die Entscheidung getroffen ist, sind die Sorgen vorbei."

• Die Macht von Routinen und Gewohnheiten

Wir alle haben unsere Gewohnheiten und Routinen, sowohl im privaten als auch im beruflichen Bereich. Routinen geben uns Sicherheit und sie sparen Zeit und Energie. Vor allem unser Gehirn liebt Gewohnheiten und Routinen, denn sie entlasten es.

Gleichgültig, welches Ziel wir erreichen möchten, Routinen verhelfen uns zum Erfolg. Kindern gelingt es oft schneller und leichter, eine Routine zu etablieren, da diese in der Regel neu erlernt wird. Bei Erwachsenen dauert es hingegen meist länger, da umgelernt werden muss. Die alte Routine funktioniert nicht mehr und die neue noch nicht – das ist eine anstrengende Phase.

Der erwachsene Mensch benötigt durchschnittlich 4 Wochen oder 200 Wiederholungen, bis er eine Gewohnheit beziehungsweise Routine verinnerlicht hat. Damit dies leichter gelingt, sollten Sie die gewünschte Verhaltensweise lieber weniger intensiv und dafür täglich ausführen als wenige Male ausgiebig. Auch das Verknüpfen mit einer bereits bestehenden Routine kann hilfreich sein. Ein Beispiel: Sie trinken sehr viel Kaffee und wenig Wasser. Ihr Ziel ist, jeden Tag mindestens 1 Liter Wasser zu trinken. Also holen Sie sich mit jedem Kaffee ein großes Glas Wasser. So steigt auch die Chance, dass Sie nicht erst trinken, wenn Sie Durst haben, sondern schon davor – was positiv ist, denn wenn sich das Durstgefühl einstellt, ist Ihr Körper bereits leicht ausgetrocknet.

Fallbeispiel: Lauftraining

Sabine A. konnte nie lange laufen beziehungsweise joggen. In einem Seminar erfuhr sie schließlich eine einfache, aber wirksame Methode, um dies zu ändern: Am ersten Tag 1 Minute laufen (ruhig auch auf der Stelle), am zweiten Tag 2 Minuten, am dritten Tag 3 Minuten usw. Wichtig ist, das Training jeden Tag um nur 1 Minute zu verlängern und wirklich täglich zu trainieren. Sabine probierte es aus. Und siehe da, nach einem Monat konnte sie mühelos 30 Minuten laufen. Dann war es auch an der Zeit, das Ganze nach draußen zu verlagern …

Möchten Sie dauerhaft Ordnung auf Ihrem Schreibtisch schaffen, helfen Ihnen folgende Routinen:

- täglich 10 bis 15 Minuten Ordnung schaffen

- einmal im Monat eine Stunde aufräumen

- einmal im Quartal einen Vormittag oder Nachmittag zum Aussortieren reservieren

Die Empfehlung, pro Quartal einen ganzen Tag mit Aufräumen und Ausmisten zu verbringen, ist für die meisten Menschen – gerade am Arbeitsplatz – weder vorstell- noch durchführbar. Daher gilt auch hier: Lieber kleinere Einheiten und dafür öfter und regelmäßig.

Aufräumen eignet sich darüber hinaus hervorragend als Zwischendurch-Aufgabe. Erstellen Sie eine Liste mit den Dingen, die Sie aufräumen oder durchforsten wollen, und markieren Sie die Ordner, die Sie aussortieren möchten, mit einem Klebepunkt oder einer kleinen Haftnotiz. So haben Sie diese Aufgaben immer präsent und können damit Wartezeiten sinnvoll überbrücken.

Muster: Der Trainingsplan

Ein wertvolles Hilfsmittel, um Gewohnheiten zu ändern beziehungsweise zu etablieren, ist der Trainingsplan.

Wollen Sie beispielsweise mit Yoga beginnen, könnte ein solcher Plan folgendermaßen aussehen:

Gewohnheit	Aktionen	Rhythmus/Zeitplan
Täglich 15 Minuten Yoga	Schicke Kleidung und Matte kaufen	15.02.
	Motivationskarte schreiben	Heute
	Übungen machen, evtl. mit DVD	Täglich vor dem Schlafengehen, 15 Minuten

Hilfreiche Grundsätze, Prinzipien und Techniken

● Das Zauberwort: durchhalten

Da ist es wieder, das Unromantische zum Thema Organisation. Denn ein wesentlicher Baustein für (dauerhaften) Erfolg sind Ausdauer, Konsequenz und Disziplin. Das kann mitunter sehr anstrengend sein – gerade in arbeitsreichen Zeiten und besonders für die kreativen, initiativen Menschen, die dauernd neue Ideen haben und schon die nächste Aufgabe anpacken, obwohl die vorherige noch gar nicht erledigt ist.

Etwas einheitlich, konsequent und immer auf die gleiche Art und Weise durchzuführen ist für manche Menschen nicht leicht. Auch für Menschen, die sehr strukturiert sind und Dinge gern immer gleich machen, ist das Durchhalten manchmal schwierig. Denn hier geht es um das Durchhalten einer Veränderung. Und der Mensch ist nun einmal ein Gewohnheitstier. Wir fallen gern und rasch wieder in unsere guten alten Gewohnheiten zurück. Das gilt umso stärker, je unliebsamer die Veränderung ist.

Sparen Sie daher bitte mit innerer Kritik, wenn es „mal wieder" nicht geklappt hat, und belohnen Sie sich mit einem Spaziergang, einem Kaffee, einem Eis, einem Kinobesuch, einem Treffen mit Freunden …, wenn Sie Ihr Vorhaben erfolgreich umgesetzt oder abgeschlossen haben.

Machen Sie dabei lieber viele kleine Schritte als einen großen. Vielleicht suchen Sie sich auch einen Verbündeten, der Sie bei Ihrem Vorhaben unterstützt – entweder aktiv oder seelisch-moralisch. Der kritische Blick von einem Außenstehenden ist immer gut, da wir Veränderungen bei uns selbst oft gar nicht wahrnehmen. Zudem ist ein äußerer Impuls oft hilfreich, um die eigene Trägheit zu überwinden. Sie kennen das vom Sport: Es gibt Tage, da kann man sich einfach nicht aufraffen. Ist man aber mit der besten Freundin verabredet, geht man doch hin. Und hinterher freut man sich, weil es schön war und gutgetan hat.

Übung: Ziele definieren

Fragen Sie sich aus jetziger Sicht:
- Was stört oder hindert Sie bei Ihrer täglichen Arbeit am meisten?
- Was wollen Sie aufräumen, ordentlicher oder transparenter gestalten?
- Welche Themen möchten Sie sich zuerst vornehmen?
- Welches ist Ihr Ziel?
- Wie soll es später sein?
- Wie können Sie dafür sorgen, dass es langfristig so bleibt?

Notieren Sie sich maximal 3 Punkte, mit denen Sie beginnen möchten. Versehen Sie diese Punkte mit einem Datum, an dem Sie beginnen wollen beziehungsweise bis zu dem Sie die Veränderung abgeschlossen haben möchten. Und noch ein Tipp: Legen Sie eine Erfolgsmappe an. Dort kommt alles hinein, was positiv und erfolgreich war, was Sie erreicht haben, schöne Rückmeldungen, Lob und Komplimente von anderen, ein motivierendes Bild oder Zitat …

Gewusst wie:
Prinzipien und Techniken einer guten Organisation

Manchmal wissen wir „eigentlich", wie wir uns noch besser organisieren könnten oder können. Doch dann kommt uns der „Faktor Mensch" dazwischen, auch genannt der „innere Schweinehund". Wir arbeiten dann eher nach dem Lust-Prinzip statt nach strategischen Gesichtspunkten. Wir widmen uns einer Aufgabe, die uns gerade Freude bereitet, oder wir vertagen mal wieder eine Entscheidung, die eigentlich ganz rasch zu treffen wäre, und legen die Aufgabe beiseite. Das ist menschlich, nachvollziehbar – und auch tolerierbar, wenn wir nicht ausschließlich so arbeiten.

● Wer schreibt, der bleibt

Beginnen wir mit dem Prinzip der Schriftlichkeit. Es ist sehr hilfreich, und obwohl die meisten Menschen es kennen, wird es immer noch von vielen sträflich vernachlässigt. Die häufigsten Argumente sind: Ich habe alles im Kopf und alles aufzuschreiben kostet viel zu viel Zeit. Natürlich ist immer das Verhältnis von Aufwand und Nutzen zu betrachten, doch notieren wir die Dinge sofort, wenn sie auf uns zukommen, dann ist es eine Sache von Sekunden. Fangen Sie neu an, sich alles zu notieren (auch das, was bis jetzt ausschließlich in Ihrem Kopf war), dann kostet es am Anfang natürlich etwas mehr Zeit. Und es dauert vielleicht auch, bis Sie es als Gewohnheit verinnerlicht haben. Dem stehen jedoch zahlreiche Vorteile gegenüber: Sie haben einen freien Kopf, weil Sie nicht ständig überlegen brauchen, ob Sie an alles gedacht haben. Sie haben immer den Überblick und können viel rascher Entscheidungen treffen und gegebenenfalls umplanen. Und ganz wichtig: Sie vergessen nichts!

Ob Sie dabei die Stift-und-Zettel-Methode verwenden oder Ihre Notizen elektronisch verwalten, spielt keine Rolle. Entscheidend ist, sich möglichst für EIN System zu entscheiden und dieses konsequent zu pflegen. Arbeiten Sie viel mit anderen in unterschiedlichen Projekten zusammen, kann es natürlich sein, dass es unterschiedliche Planungsinstrumente oder Listen gibt. Dann ist es wichtig, diese zusammenzuführen, beziehungsweise alle im Blick zu behalten.

Alle Einzelaufgaben in Ihre Planung zu übertragen wäre wahrscheinlich zu aufwendig, doch ein Stichwort als eine Art Querverweis auf das andere Planungsinstrument geht schnell und ist hier als Alternative möglich. Sind Sie der EDV-Typ und notieren unterwegs einmal etwas auf einem Stück Papier, ist das natürlich auch in Ordnung – wenn Sie es entweder sehr bald abarbeiten oder in Ihre EDV übertragen.

Hilfreiche Grundsätze, Prinzipien und Techniken

> **TIPP**
>
> *Notieren Sie konsequent ALLES, was zu tun ist. Haben Sie dazu immer ein Notizbuch dabei oder tragen Sie alles in Ihren „elektronischen Begleiter" (Smartphone, Tablet, Notebook) ein.*

Eine einfache und praktikable Methode ist die Zwei-Listen-Technik. Auf die erste Liste – oder noch besser in einem Ringbuch – notieren Sie, zunächst ohne Rang- und Reihenfolge, alles, was zu erledigen ist. Im zweiten Schritt erfolgt dann die Feinplanung mit Terminen. Gerade wenn Sie viel unterwegs sind oder sehr vielfältige Aufgabenbereiche zu bearbeiten haben, empfiehlt sich eher ein Ringbuch. Es ist Ihr Speicher und hat den Vorteil, dass Sie immer etwas zum Schreiben dabeihaben und alle Gedanken, Ideen und Aufgaben sofort notieren können. Einzelne Zettel haben den Nachteil, dass sie oft „Füße bekommen" und verloren gehen. Man „verzettelt" sich leichter.

Bevorzugen Sie die kreativere Methode des Mindmapping, ist das ebenfalls in Ordnung. Sie können eine Mindmap pro Tag oder pro Woche anfertigen – je nachdem, wie viele Aufgaben Sie haben und in welchem Zeitrahmen Sie planen. Oder Sie erstellen eine Mindmap für jedes

Ihrer Projekte. Mindmaps eignen sich zudem wunderbar zum Sammeln von Ideen sowie zum Erstellen von Protokollen, eines Leitfadens – zum Beispiel für einen Vortrag – oder einer Planung.

Um eine Mindmap zu erstellen, nehmen Sie ein Blatt Papier (am besten quer) und schreiben das Thema in die Mitte. Für jeden Oberbegriff gibt es einen Hauptast, für jeden Unterbegriff einen Nebenast. Setzen Sie immer nur ein Wort/ein Thema auf einen Ast. Arbeiten Sie dabei auch mit Bildern und Symbolen sowie unterschiedlichen Farben. Sie können Ihre Mindmaps natürlich auch auf dem PC mithilfe eines entsprechenden Programms anfertigen, zum Beispiel Mindjet, freemind, Xmind, Mindmanager, Mindview3 oder Mindmeister.

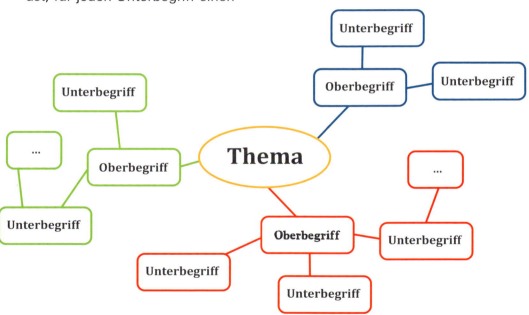

Hilfreiche Grundsätze, Prinzipien und Techniken

• Das Sofort-Prinzip

Den Anspruch zu haben, IMMER ALLES SOFORT tun zu wollen, ist einer unserer größten Zeitfresser, weil wir immer wieder mehrere Aufgaben beginnen und gleichzeitig bearbeiten wollen. Diese Zersplitterung kostet unnötig Zeit und Energie. Und so multitasking-fähig, wie wir glauben, sind wir gar nicht. Das Sofort-Prinzip bedeutet daher nicht, immer alles sofort zu tun, sondern zu erkennen, ob sich die fragliche Aufgabe innerhalb von 2 bis 5 Minuten erledigen lässt. Ist das der Fall, sollten Sie sie tatsächlich sofort erledigen, um Zeit zu sparen. Denn so müssen Sie die Aufgabe nicht erst verwalten (in die Wiedervorlage packen, auf Ihrer To-do-Liste notieren) und sich wieder hineindenken, wenn Sie sie erneut in Händen halten. Zudem hat diese prompte Erledigung den Vorteil, dass gleich etwas abgearbeitet ist (Erfolgserlebnis!) und nicht mehr vergessen werden kann.

Ist es keine echte Sofort-Aufgabe, dann treffen Sie sofort eine Entscheidung, wann Sie sich der Sache annehmen. Bis dahin kommt der Vorgang entweder in Ihre Wiedervorlage oder dorthin, wo er hingehört – ergänzt um einen Vermerk zur Bearbeitung, damit Sie zum entsprechenden Termin an den Vorgang denken, ihn sofort griffbereit haben und bearbeiten können. Beherzigen Sie das nicht, entstehen Stapel

und Wanderdünen, weil Sie Dinge mehrfach anfassen. Damit verfallen Sie in eine undefinierte Aufschieberitis und im schlechtesten Fall vergessen Sie, die Aufgaben rechtzeitig oder überhaupt zu erledigen.

Wenn Sie jetzt an Ihren Arbeitsbereich denken: Welches könnten solche „Sofort-Aufgaben" sein? Gibt es bei Ihnen „klassische" oder regelmäßig wiederkehrende Sofort-Aufgaben? Identifizieren Sie diese Aufgaben und erledigen Sie sie zukünftig sofort, wenn sie anfallen.

TIPP

Die Vorteile des SOFORT-Prinzips

- *Sie vergessen nichts, denn was Sie gleich erledigen, können Sie nicht mehr vergessen.*

- *Sie sparen Zeit, da Sie sich kein zweites Mal mit dem Vorgang beschäftigen müssen. Zudem entfällt das Eintragen in Ihre To-do-Liste.*

- *Sie halten Aufgaben klein, denn eine Aufgabe wächst in dem Maße, in dem wir sie vor uns herschieben.*

- *Sie halten Mappen sowie Körbe und damit Ihren Schreibtisch frei, denn alle erledigten Aufgaben kommen in die entsprechende Ablage.*

- *Sie halten Ihren Kopf frei, denn ein freier Schreibtisch bedeutet einen freien Kopf. Gedanken wie „War da nicht noch etwas …?" blockieren Sie nicht.*

● Gut ist gut genug

Etwas perfekt erledigen zu wollen ist ein toller Anspruch. Doch wie fast alles im Leben hat auch diese Medaille zwei Seiten: Die Kehrseite ist, dass Sie unnötig Druck aufbauen, weil Sie die Dinge möglichst gut machen möchten. Hinzu kommt, dass Sie dafür unheimlich viel Zeit aufwenden, da Sie den Vorgang noch mal und noch mal überarbeiten, was nicht selten dazu führt, dass Sie den vorgesehenen Abgabetermin nicht einhalten können. Manchmal fangen Sie auch gar nicht erst mit einem Projekt an, weil Sie glauben, nicht die Zeit, das Geld und/oder die Möglichkeiten zu haben, um das von Ihnen gewünschte Ergebnis zu erzielen. Wie schade! Denn Dinge entwickeln sich und wachsen im Tun.

Lösen Sie sich von dem Anspruch, alles perfekt machen zu wollen. Erledigen Sie es lieber gut und termingerecht. Das spart Zeit und Sie bekommen Dinge vom Tisch! Und überhaupt: Wann ist etwas „perfekt"? Wer entscheidet darüber, ob etwas perfekt ist? Hier liegt ein Zeitfresser verborgen, der obendrein noch für Frustration sorgen kann: Sie engagieren sich, machen Überstunden und sagen sogar ein Treffen mit Freunden ab, um den Bericht termingerecht und vor allem perfekt abzuliefern. Und Ihr Auftraggeber sagt: „Oh, so umfangreich. Eine Kurzfassung von einer Seite hätte mir hier auch gereicht."

 **Übung:** **Darf es etwas weniger sein?**

Folgende Fragen können Ihnen helfen, den eigenen Anspruch und den Anspruch anderer Menschen genauer zu definieren sowie abzugleichen und damit auch Ihren inneren Druck zu reduzieren:

- Was genau ist zu tun?
- Wie ist es zu tun? (Art und Weise/Umfang …)
- Wofür (Einsatz/Zweck/Zielgruppe …) wird es benötigt?
- Wann muss es fertig sein?

Kennen Sie das Pareto-Prinzip? Auch bekannt als 80-20-Regel: Vilfredo Pareto (1848–1923) war ein italienischer Ingenieur, Ökonom und Soziologe. Er fand heraus, dass 20 Prozent der Bevölkerung 80 Prozent des Vermögens besaßen. Diese statistische Verteilung findet sich auch in zahlreichen anderen Bereichen wieder. So weiß man, dass 20 Prozent der Kunden 80 Prozent des Umsatzes generieren oder 20 Prozent der Produkte 80 Prozent des Gewinns erzielen. In der Arbeitsorganisation bedeutet es, dass 80 Prozent der Ergebnisse in 20 Prozent der verfügbaren Zeit erreicht werden. Fangen wir dann an, das Ergebnis „aufzuhübschen", vergeuden wir viel Zeit für wenig zusätzlichen Nutzen. Nehmen wir als konkretes Beispiel eine Präsentation: Zu dem 80-Prozent-Ergebnis gehören zum Beispiel die Kernaussagen, die Sie Ihren Zuhörern vermitteln möchten, und wahrscheinlich auch die grobe Form beziehungsweise das optische Erscheinungsbild Ihres Unternehmens und somit der Präsentation. Doch dann begeben wir uns häufig auf Nebenschauplätze: Hier noch eine Formatierung, dort noch ein Beispiel und vielleicht noch eine supertolle Animation – all diese Dinge kosten Zeit, die meist in keiner Relation mehr zu dem erzielten (verbesserten) Ergebnis steht. Haben Sie die Zeit, dürfen Sie sich gern in diesen Details verlieren, allerdings wartet meist schon eine weitere Aufgabe darauf, angepackt zu werden. Diese wird dann nach hinten verschoben, da wir noch mit Perfektionieren beschäftigt sind.

Ja, es gibt sicher auch Aufgaben oder Präsentationen, die nicht nur 100%ig sein müssen, sondern 120%ig – aber das sind maximal 20 Prozent (meist sogar weniger) Ihrer Aufgaben. Pareto kann Sie also dabei unterstützen, Ihren Perfektionismus zu überdenken und in Schach zu halten: Konzentrieren Sie sich auf den Kern und weniger auf die schmückenden Kleinigkeiten.

Um Unmut und Missverständnissen vorzubeugen, sei noch gesagt: Pareto soll hier bitte nicht als Argument für mangelnde Gewissenhaftigkeit verstanden werden. Er soll vielmehr den Blick schärfen für das Verhältnis von Aufwand und Ertrag.

Die folgenden Tipps helfen Ihnen, sich allmählich aus der Perfektionismusfalle zu lösen:

- Nehmen Sie sich immer nur einen Ihrer Aufgabenbereiche vor.

- Fangen Sie mit einer kleinen, für Sie nicht so wichtigen Aufgabe an.

- Überlegen Sie sich, bevor Sie mit der Bearbeitung anfangen: Welches ist der Kern/das Ziel? Was genau wird von mir erwartet? Was braucht mein Auftraggeber? Wo endet meine Aufgabe?

> **Die Hauptsache ist, die Hauptsache immer die Hauptsache bleiben zu lassen.**
> *Zig Ziglar*

- Fragen Sie sich vor jeder Überarbeitung: Lohnt es sich wirklich, die für die angestrebte Verbesserung benötigte Zeit zu investieren? (Wird mein Auftraggeber die Verbesserung überhaupt wahrnehmen? Welchen Nutzen hat er? Welchen Nutzen habe ich? In welchem Verhältnis stehen Aufwand und Ertrag?)

- UND: Bleiben Sie dran!

● Nachbereiten – der Kreis schließt sich

Eine gute Nachbereitung ist die beste Vorbereitung – gerade bei wiederkehrenden Aufgaben, Veranstaltungen und Besprechungen. Die Durchführung planen wir ein und wir nehmen uns die Zeit dafür, hin und wieder auch gezwungenermaßen. Bei der Vorbereitung sieht das schon etwas anders aus.

Manchmal planen wir eine Vorbereitung ein, verschieben diese jedoch, sobald uns andere wichtigere, dringendere oder schönere Aufgaben in die Quere kommen – nicht selten bis kurz vor dem Meeting, sodass wir zwischen Tür und Angel nur noch kurz einen Blick ins letzte Protokoll werfen.

An die Nachbereitung denken wir meist gar nicht, wenn wir uns einen Termin notieren. Kommen wir dann von der Besprechung zurück, haben wir neue Aufgaben dabei – aber in unserem Kalender ist kein Platz mehr dafür frei. Und während wir weg waren, sind auch schon wieder weitere neue Aufgaben hereingekommen, die unsere Aufmerksamkeit und Zeit fordern. Folglich entfällt die Nachbereitung, zumindest für den Moment. Entscheiden wir uns doch, die Nacharbeit sofort anzugehen, verschieben wir andere Aufgaben und geraten an anderer Stelle in Zeitstress. Also: Reservieren Sie bei Besprechungen, Messen, Weiterbildungen etc. immer auch Zeit für Vor- und Nachbereitung, wenn Sie sich den Termin für die entsprechende Veranstaltung oder das Meeting notieren.

Das hat auch den Vorteil, dass Ihnen die Nachbereitung umso rascher von der Hand geht. Wenn es in Besprechungen Ihre Aufgabe ist, ein Protokoll zu schreiben, und Sie kommen erst eine Woche später dazu, dann haben Sie viele Details schon vergessen und können vielleicht Ihre Schrift gar nicht mehr entziffern. Schreiben Sie das Protokoll idealerweise direkt nach dem Meeting, spätestens jedoch im Abstand von 3 Tagen. Eine weitere Idee, um Zeit zu sparen, ist, das Protokoll gleich während des Gesprächs/des Treffens zu erstellen. So können Sie Ergebnisse noch im Meeting zusammenfassen und stellen sicher, dass Sie alles richtig verstanden haben. So sparen Sie nochmals Zeit für eventuelle spätere Korrekturen. Also ein Zeitgewinn auf ganzer Strecke.

Aufgabe: Nachbereitungszeit einplanen

Überlegen Sie:

Bei welchen Aufgaben können Sie dieses Prinzip anwenden? Welche Meetings/Veranstaltungen/Messen/Projekte/Weiterbildungen stehen in den nächsten Tagen, Wochen oder Monaten an? Haben Sie bereits Zeiten für die Nachbereitung eingeplant? Nein? Dann tun Sie dies jetzt! Nehmen Sie Ihren Kalender zur Hand und reservieren Sie sich entsprechende Zeitfenster. Benötigen Sie weniger Zeit für die Nacharbeit, streichen Sie das Zeitfenster wieder. Das ist einfacher, als in einen vollen Kalender noch eine Aufgabe hineinzuquetschen.

• Prioritäten setzen

Sie setzen immer Prioritäten – bewusst oder unbewusst. Denn in dem Moment, in dem Sie eine Aufgabe erledigen und eine andere liegen lassen, haben Sie eine Priorität gesetzt. Dabei gehen wir nach dem Lust-Prinzip (Wozu habe ich im Moment am meisten Lust?), dem Sympathie-Prinzip (Wer ist am nettesten?), dem Hierarchie-Prinzip (Wer steht in der Hierarchie am höchsten?) oder dem Lautstärken-Prinzip (Wer schreit am lautesten?) vor.

Eine weitere – methodischere – Möglichkeit ist das „Eisenhower-Prinzip". Dieses Modell geht davon aus, dass jede Aufgabe zwei Eigenschaften besitzt: wichtig und dringend. Im Alltag setzen wir diese Eigenschaften oft gleich oder wir vertauschen sie. Das heißt, wir sagen wichtig und meinen dringend oder umgekehrt. Doch was bedeuten nun diese beiden Eigenschaften genau?

Die Dringlichkeit beschreibt den Zeitfaktor. Die Aufgabe muss bis zu einem bestimmten Termin erledigt sein, da sie später keine Bedeutung mehr hat. Dringende Aufgaben werden meist von außen an uns herangetragen und wir reagieren darauf. Dringende – und vor allem wenig wichtige – Aufgaben tragen oft wenig zur eigenen Zielerreichung bei.

Die Wichtigkeit bestimmt sich nach dem Themenfaktor (Ziel, Inhalt, Nutzen). Wichtige Aufgaben dienen der Zielerreichung, wobei es sich dabei sowohl um persönliche Ziele als auch um die Ziele des Unternehmens, für das Sie arbeiten, handeln kann. Sie erfordern in der Regel selbstgesteuertes Arbeiten und sollten terminiert werden.

Anhand dieser beiden Merkmale lassen sich alle anfallenden Aufgaben in vier Kategorien einteilen:

- A-Aufgaben sind sowohl wichtig als auch dringend und müssen sofort von Ihnen selbst erledigt werden.

- B-Aufgaben sind wichtig, aber nicht dringend. Legen Sie fest, bis wann Sie sie erledigen werden.

- C-Aufgaben sind nicht wichtig, aber dringend. Versuchen Sie, diese Art von Aufgaben so weit wie möglich zu reduzieren und zu delegieren.

- Aufgaben, die weder wichtig noch dringend sind, wandern unbearbeitet in den Papierkorb.

Wenn Sie abends das Gefühl haben, Sie waren den ganzen Tag im Dauerlauf unterwegs, ist das ein deutliches Anzeichen dafür, dass Sie vorwiegend A- und C-Aufgaben bearbeitet haben. Haben Sie zudem das Gefühl, nichts geschafft zu haben, dann waren es zu viele C-Aufgaben. Die klassische Eigenschaft der C-Aufgaben ist, dass sie sich richtig breit in Ihrem Tagesablauf machen. C-Aufgaben kommen oft von außen, und wenn wir nicht aufpassen, verbringen wir den ganzen Tag mit diesen Aufgaben. Daher lautet die Empfehlung, die Zeit, die Sie C-Aufgaben pro Tag widmen, zu begrenzen.

Der charmanteste Quadrant ist der der B-Aufgaben. Hier arbeiten Sie an wichtigen, Erfolg bringenden Aufgaben, und das ganz ohne Zeitstress. Doch Vorsicht, B-Aufgaben gehen im Arbeitsalltag häufig unter. Schieben wir sie aber zu lange vor uns her, werden sie nicht weniger wichtig, dafür aber dringender (Zeitfaktor). Sie wandern von B nach A. Ein klassisches Beispiel: Oh, schon wieder Weihnachten … Und so plötzlich?!

Hilfreiche Grundsätze, Prinzipien und Techniken

TIPP

Wichtigkeit und Dringlichkeit

Wichtigkeit und Dringlichkeit sind grundverschiedene Dinge, die Sie klar voneinander trennen sollten. Denn um Ziele und Zufriedenheit zu erreichen, gilt: Wichtigkeit vor Dringlichkeit! Zeitstress vermeiden Sie, indem Sie regelmäßig und rechtzeitig an B-Aufgaben arbeiten.

Eine wertvolle Frage, die Ihnen hilft, die Priorität zu erkennen, heißt: Bis wann ist die Aufgabe fertigzustellen? Gewöhnen Sie sich diese Frage als Reflex an, falls Ihnen Aufgaben ohne Termin gegeben werden. Die Frage nach dem Termin hilft Ihnen zudem, einer möglichen „Aufschieberitis" vorzubeugen. Denn die Erfahrung zeigt, dass wir Aufgaben ohne Termin häufiger vor uns herschieben als Aufgaben mit einem konkreten Fertigstellungstermin. Sicher kennen Sie das: Der Keller müsste mal wieder aufgeräumt werden. Hier stellt sich zunächst einmal die Frage, wer dafür verantwortlich ist. Und wenn diese Aufgabe nicht mit einem Termin für den Start der Aufräumaktion versehen wird, sieht der Keller in 2 Jahren noch genauso aus – oder vielleicht auch noch etwas unaufgeräumter.

Neigen Sie zu Aufschieberitis? Dann sei Ihnen darüber hinaus folgender Tipp ans Herz gelegt: Immer wenn Sie einen Vorgang in die Hand nehmen und diesen nicht erledigen, erhält er einen Punkt. Sieht der Vorgang irgendwann aus, als hätte er die Masern, heißt es: eine Entscheidung treffen. Entweder Sie setzen sich jetzt einen Termin für die Erledigung und kümmern sich um die Angelegenheit oder Sie streichen die Aufgabe von Ihrer To-do-Liste und verabschieden sich von dem Gedanken, diese Aufgabe „irgendwann" einmal anzugehen. Meist sind solche Aufgaben

„Nice-to-have-Aufgaben", also Aufgaben, die man eigentlich mal erledigen müsste oder möchte. Dabei handelt es sich in der Regel um unwichtige Aufgaben, denn wenn sie wichtig wären, dann ließen sie sich nicht ohne Konsequenzen so lange schieben. Hinzu kommt, dass diese aufgeschobenen Aufgaben Druck auf Sie ausüben, denn die Aufgaben nehmen gefühlt in dem Maße zu, in dem Sie sie vor sich herschieben.

Wollen oder dürfen Sie eine solche aufgeschobene Aufgabe nicht von Ihrer To-do-Liste streichen, dann nehmen Sie sich diese Aufgabe als letzte Aktion des Tages vor – nicht mit dem Ziel, die Aufgabe zu bearbeiten, sondern um sie sich anzusehen und sich mit ihr zu befassen. Meist kommt Ihnen dann eine Idee und Sie können sich am nächsten Tag mit vollem Elan der Lösung widmen. Und Sie haben diese lästige Aufgabe endlich vom Tisch.

Der übersichtliche Schreibtisch

Das Kuriose an Schreibtischen ist unsere Haltung dazu. Statt zu sagen „Oh, ein übersichtlicher, leerer Schreibtisch, da ist ja jemand gut organisiert", denken wir meist: „Der hat wohl nichts zu tun." Das führt in Unternehmen häufig dazu, dass Mitarbeiter sich die Schreibtische vollladen, um sich zu schützen – vor einem falschen Eindruck und weiterer Arbeit. Doch dieses Verhalten ist vollkommen kontraproduktiv, denn ein gut organisierter Schreibtisch spart Zeit, schafft Transparenz, verleiht ein gutes Gefühl, verhilft zu einem klaren Kopf, reduziert Suchzeiten und signalisiert Professionalität sowie Kompetenz.

Das Leertischlergeheimnis

Es gibt verschiedene Typen von Schreibtischbesitzern. Zum einen die Leertischler, auf deren Schreibtisch weder Papierstapel noch Aktenberge zu finden sind, und zum anderen die Volltischler, die ihre Aufgaben stets in Sichtweite brauchen. Die Volltischler wiederum lassen sich in zwei weitere Kategorien unterteilen: Die einen suchen ständig nach irgendetwas, während die anderen sehr wohl wissen, in welchem Stapel und auf welcher Höhe sich ein bestimmter Vorgang befindet.

In Büchern und Seminaren wird oft ein leerer Schreibtisch empfohlen. Das ist auch durchaus berechtigt, denn ein freier Schreibtisch bedeutet einen freien Kopf. Doch ein Volltischler wird sich nicht (jedenfalls nicht von heute auf morgen) in einen Leertischler verwandeln. Daher ist es wichtig, den vollen Schreibtisch gut zu organisieren und diese Organisation zu pflegen. Dass dies etwas Zeit und Durchhaltevermögen braucht, wusste schon Goethe (siehe Zitat).

Wie sieht es auf Ihrem Schreibtisch aus? Skizzieren Sie ihn (und den direkten Arbeitsbereich mit eventuell genutztem Sideboard oder Ähnlichem) einmal aus der Vogelperspektive. Keine Sorge: Es geht dabei nicht um die Schönheit Ihrer Skizze, sondern um Vollständigkeit. Zeichnen

Sie alles(!) auf, was auf Ihrem Schreibtisch zu finden ist – und bitte wählen Sie dazu nicht den Zeitpunkt, kurz bevor Sie ins wohlverdiente Wochenende starten. Vermerken Sie jeden Stapel, Vorgang, Korb, Zettel, Stiftebecher, jede Mappe ... Gibt es Gläser, Tassen, Flaschen, ein Handy, einen Drucker oder sonstige Dinge auf dem Tisch?

Tragen Sie alles in Ihre Skizze ein. Dann kennzeichnen Sie bitte noch:

- Ihren Lieblingsgegenstand/ Lieblingsblick
- das Älteste
- das Unangenehmste

Haben Sie an alles gedacht? Dann schauen Sie, inwieweit Ihr Schreibtisch die folgenden „Leertischlergeheimnisse" bereits berücksichtigt und wo Sie ihn noch optimieren können beziehungsweise möchten.

> **Gegenüber der Fähigkeit, die Arbeit eines einzigen Tages sinnvoll zu ordnen, ist alles andere im Leben ein Kinderspiel.**
>
> *Johann Wolfgang von Goethe*

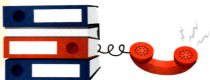

● Hat dieser Gegenstand eine Daseinsberechtigung?

Im Lauf des Tages, der Wochen, der Monate häufen sich viele Dinge auf unserem Schreibtisch an: neben dem ersten Stiftebecher steht bald ein zweiter, während ein (Groß-)Teil der Stifte schon gar nicht mehr funktioniert; zu Ostern, Weihnachten oder zum Geburtstag gibt es kleine Geschenke von Kollegen, die fortan den Arbeitsplatz zieren; gelbe Haftnotizen lassen unseren Bildschirm zu einer Sonne werden ...

Vielleicht halten Sie es ja mit Robert Lembke, der einst sagte: „Ordnung ist ein Durcheinander, an das man sich gewöhnt hat." Oder Sie nehmen Ihren Schreibtisch unter die Lupe nach dem Grundsatz: Je häufiger gebraucht, umso näher dran, und je weniger gebraucht, umso weiter weg.

Ein Nachschlagewerk, das Sie nur einmal in der Woche oder seltener nutzen, hat auf Ihrem Schreibtisch keine Daseinsberechtigung. Ein Glas oder Becher dagegen schon, denn ausreichend Flüssigkeit ist wichtig für unser Gehirn und unsere Stimme – was jedoch nicht für das Glas und den Kaffeebecher von gestern gilt. Auch eine Flasche oder eine Thermoskanne hat nichts auf Ihrem Schreibtisch verloren, vor allem dann nicht, wenn sie leer ist. Selbst wenn Sie die Flasche mehrmals täglich nutzen, kann sie bestimmt in Griffweite platziert werden, ohne dass sie Teil des Sammelsuriums auf Ihrem Schreibtisch ist. Ihr Schreibtisch ist Ihr Arbeitsbereich und keine Ablagefläche!

Ein weiterer Grundsatz und großes Leertischlergeheimnis: Alles hat seinen festen Platz. Das scheint auf den ersten Blick banal, doch denken Sie einmal an Ihren Hausschlüssel. Lassen Sie diesen wahlweise in Ihrer Jacken-, Akten- oder Handtasche oder legen Sie ihn manchmal neben das Telefon und manchmal auf den Küchentisch? Dann haben Sie immer mehrere Orte, an denen Sie suchen müssen. Und das Suchen kostet unnötig Zeit, Kraft und Nerven.

TIPP

Weniger ist mehr

Ein Lieblingsgegenstand oder Lieblingsblick ist wichtig, um Ihnen durch die positive Wirkung ein Lächeln aufs Gesicht zu zaubern. Begrenzen Sie sich aber bitte auch hier. Eine Blume reicht. Es ist Ihr Büro, nicht Ihr Wohnzimmer.

Überlegen Sie zudem, wie alt die Dinge in Ihrem Arbeitsbereich sind. Nutzen Sie sie noch oder mögen Sie sie gern, dann haben diese Dinge eine Daseinsberechtigung. Finden sie jedoch keine Verwendung mehr, zum Beispiel weil sie defekt sind, stellt sich die Frage: Weshalb heben Sie sie auf? Denn alte Dinge entwickeln sich oft zu unangenehmen Dingen, etwa der Papierstapel, den Sie schon lange durchsehen wollten, oder ein Ordner der Vorgängerin, von dem Sie nicht wissen, ob Sie ihn jemals brauchen werden. Hier gilt: Termin setzen, wann Sie sich der Sache annehmen, eventuell bis dahin auslagern und dann eine Entscheidung treffen (bearbeiten, begrenzt archivieren oder weg damit).

• Nur für Sie – Ihr „Heiliger Bereich"

Der empfohlene Idealzustand lautet, immer nur einen Vorgang auf dem Schreibtisch zu haben. Zu Recht, denn viele Vorgänge reißen uns immer wieder aus unserer Konzentration. Wir arbeiten an einem Vorgang, schon denken wir an den nächsten und fangen dort an. Dann fällt uns ein: „Ach, das muss ich ja auch noch tun." Dann läutet das Telefon, eine E-Mail leuchtet auf und ein Kollege steht am Schreibtisch. Schon haben wir mehrere Vorgänge am Laufen. Das ist der Alltag, wie ihn viele von Ihnen kennen.

Auf die Menge und den Zeitpunkt dessen, was von außen auf uns einströmt, haben wir oft wenig Einfluss – wie wir damit umgehen und wie wir generell arbeiten, können wir jedoch sehr wohl beeinflussen: Schließen Sie möglichst immer einen Vorgang ab, bevor Sie den nächsten beginnen, denn wir sind längst nicht so multitasking-fähig, wie wir glauben. Durchschnittlich gehen ein Drittel unserer Zeit und Produktivität bei diesen Unterbrechungen verloren (der sogenannte „Sägeblatt-Effekt") und wir brauchen 8 bis 15 Minuten, bis wir uns gedanklich wieder bei unserer ursprünglichen Aufgabe eingefunden haben. Ist der Schreibtisch mit Unterlagen übersät, ist zudem die Gefahr größer, dass sich einzelne Blätter einem falschen Vorgang anheften. Und in der Summe gesehen, kostet es ebenfalls viel Zeit, wenn Sie Ihren Schreibtisch immer erst freiräumen müssen, bevor Sie eine neue Aufgabe beginnen können.

Aufgabe: Ihr „Heiliger Bereich"

Richten Sie auf Ihrem Schreibtisch einen Bereich ein, in dem nur Sie etwas ablegen dürfen.

Das ist Ihr aktueller Arbeitsbereich. Dort liegt immer nur die eine Aufgabe, an der Sie gerade arbeiten. Ist die Aufgabe abgeschlossen, wird der „Heilige Bereich" wieder frei geräumt für die nächste Aufgabe. Welche Größe Sie für diesen Bereich benötigen, entscheiden Sie. Es gibt unterschiedliche Empfehlungen dazu: 60 x 60 Zentimeter, ein Drittel des Schreibtisches, die Hälfte des Schreibtisches. Die genaue Größe hängt von Ihrem Schreibtisch und Ihrem persönlichen Empfinden ab. Das Entscheidende dabei ist, dass sich im „Heiligen Bereich" nichts anderes als die aktuelle Aufgabe breitmachen darf.

- **Die guten ins Töpfchen: Körbe-System**

Ein weitverbreitetes System ist das 3-Körbe-System. Hier gibt es einen Eingangskorb, einen Korb für Laufendes und einen Korb für die Ablage. Ob dieses System auch für Sie geeignet ist, hängt von der Menge der Vorgänge und der Papiermenge an sich ab. Doch egal, für wie viele Körbe Sie sich entscheiden, beschriften Sie diese sorgfältig, klar und deutlich – auch wenn Sie wissen, was sich darin verbirgt. Klar und deutlich meint sowohl lesbar als auch inhaltlich klar. Fehlt die Beschriftung, entstehen rasch „gemischte Körbe", da wir im Eifer des Gefechts keine genaue Entscheidung treffen und das Papier einfach „erst mal irgendwo" ablegen. Denken Sie bei der Menge Ihrer Körbe daran: Weniger ist mehr.

Einerseits ist es gut, in Kategorien zu unterteilen, andererseits darf ein Zuviel die Entscheidung nicht unnötig erschweren. Sind Sie hinter Ihren Körbe-Türmen nicht mehr zu sehen, sollten Sie das System überdenken. Sind Sie ein sehr visuell geprägter Mensch und möchten die Vorgänge immer genau sehen, dann verwenden Sie transparente Körbe. Die Vorgänge in den Körben legen Sie in Klarsichthüllen. So vermeiden Sie, dass Vorgänge sich vermischen oder einzelne Papiere verloren gehen. Für eine inhaltliche Unterteilung können Sie Hüllen in verschiedenen Farben nutzen.

Achten Sie darauf, Ihre Körbe nicht zu überfüllen. Zum einen kann es unordentlich wirken und zum anderen halten sich hier Zeitfresser verborgen, da die Vorgänge in den Körben meist mehrfach angefasst werden. Je mehr Vorgänge in einem Korb liegen, desto mehr Zeit brauchen Sie für das Sichten und Sortieren und umso häufiger fassen Sie die Vorgänge an. Das aber widerspricht dem Grundsatz: „Nehmen Sie Dinge möglichst nur einmal in die Hand."

Allerdings lässt sich dieser Idealzustand in der Praxis nicht 100%ig umsetzen. Deshalb gilt: Fassen Sie jeden Vorgang einmal an und treffen Sie sofort eine Entscheidung – entweder jetzt

erledigen oder auf Termin legen. Wird der Vorgang auf Termin gelegt, gilt wieder: anfassen und erledigen oder eine Entscheidung treffen und neu terminieren. Dann hatten Sie den Vorgang zwar auch schon zweimal in der Hand, haben ihn aber nicht undefiniert „einfach erst mal irgendwohin" gelegt. Denn das ist der größte Zeitfresser bei der Bearbeitung.

Kennen Sie diese Situation? Sie sind in einer Besprechung, und als Sie zurückkommen, sieht es auf Ihrem Arbeitsplatz aus, als wäre ein Hurrikan darüber hinweggefegt: Der Erste hat etwas auf den Tisch gelegt, der Zweite auf die Tastatur und der Dritte auf den Stuhl – denn die anderen exponierten Stellen waren ja bereits belegt. Hier gilt: Ein Eingangskorb hält den Schreibtisch frei. Und um die Kollegen und sich selbst an den neuen Korb zu gewöhnen, hilft eine sichtbare, klare Beschriftung (siehe Beispiel Seite 46). Drucken Sie ein stabiles Schild aus und stellen Sie es an den Rücken/Rand des Eingangskorbes.

**Muster:
Eingangskorb-Beschriftung**

Alles für **IHR NAME** bitte hier hineinlegen

Danke!

Sie entscheiden, wann und wie oft am Tag Sie den Korb leeren. Sichten und sortieren Sie die Vorgänge jedoch mindestens einmal am Tag. Dann erhält alles seinen Platz, wird bearbeitet, wenn es an der Reihe ist, und Ihr Eingangskorb enthält immer nur neue, aktuelle Eingänge.

● Die bessere Alternative: Ringbuch statt Zettelwirtschaft

Die Aufgaben, die tagsüber hereinkommen, produzieren oft viele Zettel und Zettelchen, die dazu verführen, dass Sie sich – im wahrsten Sinne des Wortes – verzetteln. Es entsteht ein Durcheinander auf dem Schreitisch (und im Kopf) und Sie wissen nicht, was zuerst zu tun ist. Der Vorteil der Zettel ist, dass sie nach Erledigung der Aufgabe rasch entsorgt werden können.

Ihr Nachteil ist, dass sie leicht „Füße bekommen", noch bevor die Aufgabe erledigt ist.

Eine herrliche Alternative zu den vielen einzelnen Zetteln und Haftnotizen ist ein Block oder ein Buch. Hier wird alles notiert: Aufgaben, Telefonate, Telefonnummern, Ideen, Absprachen … Abgearbeitetes wird durchgestrichen und beim Ringbuch können einzelne Seiten sogar entsorgt werden. Für die Jäger und Sammler unter Ihnen: Abgearbeitete Seiten können Sie in einem speziellen Ordner (für einen begrenzten(!) Zeitraum) ablegen. So haben Sie immer ein Archiv, falls Sie beispielsweise eine Telefonnummer noch einmal benötigen. Dieses Buch ist Ihr Speicher und Ihr Gehirn. Sie können sicher sein, dass Sie nichts vergessen, da alles in Ihrem Buch notiert ist. Und Sie folgen damit dem Grundsatz: „Alles hat seinen festen Platz." Ein weiterer Vorteil ist, dass Ihr Schreibtisch aufgeräumter aussieht.

TIPP

Querverweise erstellen

Finden Sie Gefallen an dem Buch, dann nehmen Sie sich die Zeit und nummerieren Sie die Seiten durch. Dadurch können Sie – auch beim Archivieren – mit Querverweisen arbeiten (zum Beispiel „siehe S. 23" oder „siehe Anmerkungen vom 20.03.") und sparen sich die Zeit für das Übertragen von Aufgaben, Gedanken und Informationen.

Neben den vielen Zettelchen gibt es oft noch Schreibtischunterlagen, die als Informationsquelle dienen. Ist die Unterlage aus Leder oder Kunststoff, wölbt sie sich leicht nach oben, weil „Spickzettel" mit wichtigen Informationen darunter gehortet werden. Ist sie aus Papier, wird die Unterlage beim Telefonieren als Malblock benutzt oder zum Notieren von Vermerken verwendet. Irgendwann wird die oberste Seite dann unansehnlich oder unübersichtlich und die wichtigen Informationen werden übertragen – ein Zeitfresser erster Güte.

Telefonnummern, Internet- oder E-Mail-Adressen sowie Öffnungszeiten, also Informationen, die Sie häufig benötigen, notieren Sie besser auf Karteikarten oder Sie sammeln diese in einem Schnellhefter/Ordner, den Sie immer griffbereit haben. Oder Sie sammeln alle wichtigen Informationen in Sichttafeln. Diese gibt es zum Aufstellen oder Aufhängen (an der Wand zu befestigen). Sie kennen diese „Flattermänner" von der Kasse im Supermarkt. Die einzelnen Sichttafeln sind zum Blättern und haben Rahmen aus Kunststoff in unterschiedlichen Farben. So kann man mit den Farben gleich Kategorien für die Informationen einrichten. Legen Sie sich ein solches „Archiv" an, nehmen Sie sich bitte auch die Zeit, es zu pflegen und auf dem aktuellen Stand zu halten. Reduzieren Sie zudem die Anzahl Ihrer „Archive". Je mehr Archive Sie haben, desto mehr Zeit für die Pflege brauchen Sie.

Investieren Sie Ihre Zeit auch dafür, Ihre elektronischen Medien zu pflegen und miteinander zu verknüpfen. Und sorgen Sie dafür, dass alles zeitaktuell synchronisiert wird. Das hat den Vorteil, dass Sie nicht Ihre Datenbank, Ihr Festnetztelefon und Ihr Smartphone einzeln mit Daten füttern müssen. Erfahrungsgemäß nutzen wir durchschnittlich nur 20 Prozent der Möglichkeiten unserer technischen Helfer und der von uns verwendeten Software. Übrigens: Bei vielen Programmen lassen sich auch Daten importieren und exportieren, sodass Sie sich zeitintensive und fehlerträchtige Eingaben sparen können.

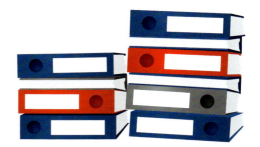

Für die „guten alten" und nach wie vor bewährten Telefonnotizen nutzen Sie Ihr Ringbuch oder ein Formular in Form einer Checkliste. So denken Sie immer daran, alle relevanten Informationen zu notieren. Die Angaben, die Sie auf Ihrer Telefonnotiz benötigen, variieren natürlich nach Branche und Aufgabenbereich. Passen Sie Ihre Telefonnotiz so lange an, bis sie optimal für Ihren Einsatzbereich ist. Ob DIN A4 oder DIN A5, ob farbiges oder weißes Papier – auch das hängt davon ab, wie Sie mit den Notizen weiterarbeiten.

Oftmals werden Rückruf-Bitten heute per E-Mail verschickt. Auch hier spart eine Vorlage Zeit und sorgt dafür, dass Sie an alles denken.

Um eine Zusammenarbeit möglichst effektiv zu gestalten, besprechen Sie mit Ihrem Chef/Ihren Kollegen, wie Sie vorgehen sollen. Sollen alle Anrufe in einer Mail zusammengefasst oder für jeden Anruf eine separate Information verschickt werden? Wie soll die Betreffzeile gestaltet werden? Wird eine „allgemeine" Überschrift wie „bitte Rückruf" gewünscht oder sollen alle wichtigen Angaben direkt in der Betreffzeile stehen, sodass die Mail gar nicht mehr geöffnet werden muss? Nutzen Sie die Betreffzeile für alle Informationen und gestalten Sie sie immer gleich.

Zu Beginn könnten Sie zum Beispiel ein vereinbartes Kürzel setzen, zum Beispiel „RR" für Rückruf. Dann kann der Empfänger seine Mails über dieses Kriterium sortieren – und alle Rückrufe gebündelt erledigen.

Muster: Telefonnotiz

Telefonnotiz von:	für:	Datum:	Uhrzeit:
Firma/Kundennummer:		Straße: PLZ/Ort:	
Name:		Position:	
Telefon/Handy:		E-Mail:	

Anlass:

Fazit/To-do (Was, wer mit wem, bis wann?)

Und noch ein Tipp: Nehmen Sie sich die letzten 10 Minuten des Tages Zeit, diesen Revue passieren zu lassen, Ihre To-do-Liste für den nächsten Tag anzusehen und Ihren Schreibtisch aufzuräumen. Das hilft Ihrem Unterbewusstsein, zur Ruhe zu kommen. Sie können mit diesem Ritual Ihren Arbeitstag bewusst abschließen, Ihre Erfolge noch einmal genießen, sich einen Überblick über den folgenden Tag und die wichtigsten Aufgaben verschaffen, gelassen nach Hause gehen, ruhig schlafen und am nächsten Morgen mit frischem Elan durchstarten.

Ihr persönlicher Power-Schreibtisch

Wenn wir tagtäglich über Monate und Jahre an unserem Schreibtisch arbeiten, entstehen auch hier Gewohnheiten und wir überdenken oder überprüfen unser System nicht mehr. Zum einen, weil wir gar nicht mehr darüber nachdenken, zum anderen, weil wir keine Zeit dafür haben. So schleichen sich klammheimlich Dinge auf dem Schreibtisch ein, die da nichts (mehr) verloren haben. Machen Sie aus Ihrem „Ablage-Schreibtisch" Ihren persönlichen Power-Schreibtisch und entscheiden Sie ganz bewusst, was wirklich auf Ihrem Schreibtisch sein darf und was nicht.

- **Arbeitsmittel häppchenweise zulassen**

Legen Sie alle leicht beweglichen Arbeitsmittel (Locher, Tacker, Stiftebecher, Papierstapel, Körbe, Mappen …), die sich auf Ihrem Schreibtisch befinden, in einen Karton oder eine Kiste. Wenn Sie etwas aus der Kiste benötigen, holen Sie es dort heraus. Dann darf dieser Gegenstand für heute auf dem Schreibtisch bleiben.

Abends ziehen Sie Bilanz: Wie oft haben Sie die jeweiligen Gegenstände benutzt (einmal oder mehrmals)? Soll alles, was jetzt auf dem Schreibtisch ist, auch dort bleiben? Wenn ja, dann geben Sie jedem Gegenstand seinen festen Platz. Wenn nein, kommt der Gegenstand zurück in die Kiste. Machen Sie diese „Inventur" eine Woche lang. Dann wissen Sie sehr genau, welche Gegenstände Sie wirklich täglich benötigen und wo auf dem Schreibtisch diese Dinge optimal aufgehoben sind. Alle Dinge, die nach einer Woche noch in der Kiste sind, haben keine Daseinsberechtigung. Sie bekommen ebenfalls einen festen Platz zugewiesen – allerdings in einem Schrank, einem Container oder einem Sideboard.

Vielleicht befinden sich darunter auch Dinge, die Sie zwar nicht benötigen, die Sie aber auch nicht entsorgen möchten oder dürfen. Oft kommen Gegenstände – manchmal Geschenke oder Sachen von Vorgängern – auf einen zu und man denkt: Wohin damit? Richten Sie sich für diese Wohin-damit-Gegenstände EINE Gemischtwarenschublade oder EIN Gemischtwarenfach ein. Dieser Ort darf ganz unsortiert „zugemüllt" werden. Aussortiert wird, wenn der Ort voll ist oder – besser noch – in regelmäßigen Abständen. So ein „Müllfach" ist auch in einer Wohnung sehr hilfreich. Aber bitte immer nur EINES!

Ansonsten gilt der Grundsatz: Lagern Sie zusammen, was zusammengehört. Arbeiten Sie mit einer Hängeregistratur, lagern Sie die Reiter und die Einsteckschilder bei den Hängemappen und nicht in einem anderen Schrank. Die Bedienungsanleitung für den Kopierer liegt beim Kopierer und nicht in irgendeinem Sideboard. Alternative: Es gibt EINEN Ort für ALLE Bedienungsanleitungen.

● Radikalkur

- Räumen Sie Ihren Schreibtisch komplett frei.

- Reinigen Sie die Tischplatte.

- Stellen Sie nur die elementaren Dinge darauf (Telefon, Monitor, Tastatur ...). Reinigen Sie auch diese Gegenstände.

- Nehmen Sie an Ihrem Schreibtisch Platz und lassen Sie das Ganze auf sich wirken.

Was ist unentbehrlich, damit Sie Ihre täglichen Aufgaben bearbeiten können? Entscheiden Sie nun sehr bewusst, was noch auf den Schreibtisch darf. Ergänzen Sie jeweils nur ein Teil und lassen Sie Ihren Schreitisch immer wieder auf sich wirken. Seien Sie dabei sehr kritisch. Brauchen Sie wirklich zwei Stiftebecher? Ist das tatsächlich der beste Platz für diesen Gegenstand?

Ist am Ende wieder alles auf dem Tisch gelandet und kommen Sie zu der Entscheidung, dass Sie alles davon tatsächlich für Ihre Arbeit benötigen, dann ist das so. Es ist Ihr Schreibtisch und Sie sollen hier arbeiten und sich wohlfühlen.

Haben Sie Ihren Schreibtisch auf Vordermann gebracht, arbeiten Sie sich doch gleich noch durch Ihren Schreibtischcontainer und Ihr Sideboard. Um wirklich Ordnung entstehen zu lassen, räumen Sie jede Schublade beziehungsweise das ganze Regal komplett leer.

Beim Wiedereinsortieren können Sie nach folgenden Kriterien vorgehen: Alles, was Sie häufig benötigen, findet oben beziehungsweise vorn seinen Platz. Je seltener Sie etwas brauchen, umso weiter hinten beziehungsweise unten wird es platziert. Führen Sie diese Aktion (zumindest auf Ihrem Schreibtisch) ruhig einmal pro Jahr durch und beobachten Sie, ob sich etwas verändert. Und freuen Sie sich, wenn Sie Optimierungspotenzial finden, frei nach Robert Musil: Eine vollkommene Ordnung wäre der Ruin allen Fortschritts und Vergnügens.

Immer gut organisiert

Vorgänge haben eine unterschiedliche Verweildauer auf unserem Arbeitsplatz. Mehrere Aufgaben und Projekte sind zeitlich nebeneinander zu bearbeiten – die einen kontinuierlich, die anderen sporadisch, die einen zeitnah, die anderen mittel- und langfristig. Alles will zur rechten Zeit „gefunden" werden, um termingerecht bearbeitet zu werden. Hierfür eignet sich ein Wiedervorlagesystem. Nach der Bearbeitung geht das meiste in eine Ablage. Auch diese muss organisiert werden, um Mehrfachablagen möglichst zu vermeiden, Dinge rasch auffindbar zu halten und in einem überschaubaren Rahmen zu bleiben. Wenn wir die Sachen bei Bedarf nicht wiederfinden, könnten wir sie genauso gut sofort entsorgen. Also ran an die Ordnung.

Nützliche Helfer

Unterschiedliche Hersteller bieten eine Fülle an praktischen und intelligenten Hilfs- und Ordnungsmitteln an. Die Materialien und Farben sind dabei vielfältig. Gerade wenn Sie ein Papiermensch sind, lohnt es sich, sich einmal damit zu befassen, um geeignete Helfer zu finden. Auch hier gilt: Alles hat einen festen Platz, auf den es immer wieder zurückgelegt wird. Sparen Sie nicht bei den Ordnungsmitteln. Leisten Sie sich Schönes, mit dem Sie gern arbeiten. Kaufen Sie gleich etwas auf Vorrat und möglichst mit Nachkaufmöglichkeit. Denn zu viele unterschiedliche Körbe, Mappen, Ordner oder Stehsammler lassen rasch den Eindruck von Unordnung entstehen.

● Schreibtisch- und Arbeitsutensilien clever nutzen

Mit Körben oder Schubladenboxen können Sie den Stapeln in einem ersten Schritt zu Leibe rücken. Die Körbe können nach Themen oder Bearbeitungsterminen aufgeteilt werden. Wichtig: Beschriften Sie alles klar und deutlich (siehe Seite 44). „Dringend" ist keine eindeutige Beschriftung für einen Korb. Die Gefahr, dass „Gemischtwarenkörbe" entstehen, ist dann groß – auch wenn man „eigentlich" weiß, was in den Korb hineingehört. Das Beschriften reduziert auch die Gefahr, dass Dokumente länger in den Körben gelagert werden und „Dokumentenfriedhöfe" entstehen. Körbe haben nur eine Daseinsberechtigung auf dem Schreibtisch, wenn sie täglich zum Einsatz kommen und wenn sich eine überschaubare Menge an Unterlagen darin befindet.

Werden Körbe nicht aktiv genutzt, sodass die Blätter kreuz und quer liegen, dabei schon vergilbt und verbeult sind und die Körbe bereits überquellen, lassen sie rasch den Eindruck

von Unordnung und Chaos entstehen. Schubladenboxen sind geschlossene Systeme und bieten zusätzliche Ablagefläche. Das ist sehr hilfreich bei kleinen Schreibtischen. Dort können Locher und Tacker gut gelagert werden. Doch Vorsicht: Bitte nur als „lebendige" Abstellfläche nutzen. Diese Ablagefläche fällt in die Kategorie „gefährliche" oder „verführerische" Abstellfläche für Erst-mal-irgendwohin-Dinge. Die Gefahr einer Mülldeponie ist programmiert. Um diesem Müllberg vorzubeugen, stellen Sie etwas Schönes – ein Foto oder eine Blume – auf Ihre Schubladenbox.

Trennblätter oder Trennstreifen helfen Ihnen, Inhalte in Ordnern zu unterteilen. Um Unterlagen rascher zu finden, empfiehlt es sich, sie in Kategorien zu unterteilen. Trennblätter gibt es mit alphabetischer Einteilung, mit numerischer Einteilung (meist 1 bis 10) oder zum Selbstbeschriften. Diese Blankotrennblätter sind in der zeitsparenden Variante mit abtrennbaren Taben erhältlich. So sparen Sie die Zeit für das Ausschneiden und die Kanten sind gerade. Eine Alternative sind die Staffelregister. Sie können versetzt eingehängt werden, sodass Sie sich auch hier das Ausschneiden der Taben

sparen. Ideal sind diese Trennblätter für wachsende Vorgänge. Auch mit unterschiedlichen Farben können Sie Unterteilungen setzen.

Um das Durchblättern der Unterlagen einfacher zu gestalten oder für Unterlagen in Prospekthüllen, sind Trennblätter in Überbreite zu empfehlen (etwas breiter als DIN A4). Trennstreifen eignen sich auch gut, um einzelne Vorgänge in einer Kategorie zu unterteilen. Und die Vorgänge lassen sich rasch durchblättern.

Index-Haftstreifen (in verschiedenen Größen und Farben, auch mit Symbolen) helfen Ihnen, wichtige Textstellen zu kennzeichnen. So können Sie beim Durchblättern von Büchern und Zeitschriften sofort die interessanten Stellen oder Artikel kennzeichnen. Dies spart Ihnen später Zeit, da Sie die Textstellen oder den Artikel sofort wiederfinden und das Buch oder die Zeitschrift nicht mehrfach durchblättern müssen.

Zum reinen Sammeln von Unterlagen werden oft Hängemappen und Hängetaschen empfohlen, da man sich hier die Zeit für das Lochen und Abheften spart. Die Frage ist jedoch immer: Wie oft nehme ich die Unterlagen zur Hand und was mache ich damit?

Ein großer Locher und ein großer Tacker sparen auf jeden Fall Zeit beim Verwalten der Unterlagen.

Gut für Ihre Schulter- und Nackenmuskulatur ist ein Headset. Auch sitzen Sie viel aufrechter und haben dadurch eine freiere, lebendigere Stimme. Und Sie haben die Hände frei, um sich Unterlagen zu holen, Notizen zu machen oder zu gestikulieren. Sind Sie ein temperamentvoller Mensch, der gern mit Händen und Füßen spricht, tun Sie dies auch am Telefon. Es unterstreicht hier ebenfalls Ihre Worte.

Ein Collegeblock (eventuell mit farbigem Register) oder ein schönes Notizbuch dient als „Themenspeicher". Es ist Ihre „externe Festplatte", die alles für Sie speichert. Um das innere Gewohnheitstier zu bedienen, verwenden Sie immer die gleichen Bücher (gleiche Optik, gleiches Format).

Haben Sie einen schönen Stift gefunden, mit dem Sie gut schreiben, kaufen Sie sich gleich mehrere Exemplare davon, insbesondere dann, wenn es sich um auffüllbare Stifte handelt. So halten Sie den Vorrat an unterschiedlichen Minen klein. Falls Sie Ihre Stifte auf dem Schreibtisch lagern möchten, bevorzugen Sie ein Gefäß, in dem die Stifte aufrecht stehen. Stifteschalen benötigen mehr Platz und sind oft unhandlich im Gebrauch.

Und ganz wichtig, man könnte sogar sagen das wichtigste Hilfsmittel: ein großer Papierkorb, damit Sie möglichst viel sofort entsorgen können. Für die Jäger und Sammler gibt es den Zweit-Papierkorb für die „Vielleicht brauche ich das doch noch"-Dinge. Dieser zweite Papierkorb wird in größeren Abständen geleert, sodass Sie

immer einen Sicherheitsanker haben. Gut geeignet ist ein Karton im DIN-A4-Format. Die Unterlagen passen genau hinein, das Ganze sieht ordentlich aus und Sie können leicht wieder etwas entnehmen, falls Sie es doch noch einmal benötigen sollten (was wahrscheinlich höchst selten bis gar nicht der Fall sein wird).

● **Mappen und Hüllen – alles gut verstaut**

Sicht- und Prospekthüllen sorgen dafür, dass Vorgänge, die zusammengehören, auch zusammen bleiben. Büroklammern verhaken sich oft ineinander und Blätter können sich lösen. Durch unterschiedlich farbige Hüllen lassen sich Themen unterteilen oder Prioritäten festlegen. Können Sie sich gar nicht von Ihren Stapeln lösen, dann bilden Sie möglichst kleine, thematische Stapel und nehmen Sie sich die Zeit, die Einsteckhüllen unten zu beschriften, beispielsweise mit einem Deckblatt oder Papierstreifen, den Sie einlegen. Zur weiteren Unterteilung oder Kennzeichnung verwenden Sie farbige Einsteckhüllen. Sie können jeder Farbe ein Thema zuordnen und wissen so auch immer sofort, was sich in den entsprechenden Hüllen verbirgt.

Möchten Sie Unterlagen in einem Ordner in einer Prospekthülle aufbewahren, verwenden Sie – bei wenig Schriftgut – die zweiseitig offenen Hüllen. Die Unterlagen lassen sich so schneller einlegen und herausnehmen als bei den nur oben offenen Hüllen. Und im Ordner sind die Unterlagen auch in diesen Hüllen sicher verwahrt. Haben Sie umfangreichere Vorgänge, wählen Sie die Prospekthüllen mit mehr

Fassungsvermögen (bis 200 Blatt) und einer Klappe oben oder einer Außenklappe an der Längsseite.

Hervorragend für das Aufbewahren von Materialien in unterschiedlichen Formaten, zum Beispiel Postkarten, sind „Kleinkrambeutel" geeignet. Sie haben einen Reißverschluss und eine Lochung zum Abheften.

Mit Eckspannern und Ordnungsmappen lässt sich wunderbar eine schnelle Wiedervorlage – auch chaotische Wiedervorlage genannt – für längerfristige schwebende Vorgänge aufbauen. Auch Besprechungs- und Reiseunterlagen lassen sich mit Ordnungsmappen gut vorsortieren und man hat alles griffbereit dabei.

Neben Eckspannern gibt es noch sogenannte Jurismappen, die sich gut für den Transport von Unterlagen eignen. Die Jurismappen besitzen Klappen an allen Seiten, sodass die Unterlagen nicht herausfallen können.

Pultordner (A–Z, 1–31) oder Hängetaschen eignen sich hervorragend für die Termin-Wiedervorlage. Hängetaschen gibt es auch mit Unterteilungen und eingearbeiteten Hüllen für CDs/DVDs. Die Nasen zum Aufhängen lassen sich einschieben, sodass sich die Mappen bequem in (Hand)Taschen mit Platz für DIN-A4-Unterlagen transportieren lassen.

Unterlagen lassen sich prima in einer Hängeregistratur sammeln. Sie werden einfach nur in die Mappen oder Taschen eingelegt. Die Zeit für das Lochen und Heften entfällt. Ein weiterer Zeitspartipp: Legen Sie alle Unterlagen immer auf die gleiche Art und Weise in die Mappen oder Taschen ein (Text nach vorn, Heftrand unten). Hängemappen sind seitlich offen, während Hängetaschen seitliche Gewebefrösche haben, sodass die Unterlagen nicht herausfallen können. Hängesammler haben einen breiteren Boden und eignen sich für umfangreicheres Schriftgut.

Zudem sind Hängehefter erhältlich, bei denen Sie zwischen zwei Ausführungen wählen können: Einmal mit der kaufmännischen Heftung, bei der der aktuelle Vorgang immer obenauf kommt, und mit der Amtsheftung, bei der die Unterlagen chronologisch abgelegt werden. Um Zeit bei der Ablage zu sparen, geben Sie bitte stets – auch in Aktenordnern – der kaufmännischen Heftung den Vorzug. Hängehefter eignen sich eher für wenig Schriftgut, wenn Unterlagen oft mitgenommen sowie die einzelnen Vorgänge in fester Reihenfolge abgeheftet und nicht weiter bearbeitet beziehungsweise in sich bewegt werden.

Mit Stehsammlern lassen sich waagerechte, liegende Stapel in die Senkrechte bringen. Die Stehsammler schaffen somit Platz in Schränken und Regalen und sorgen optisch für Ordnung. Damit die Unterlagen nicht zusammensinken und knicken, müssen die Stehsammler – gerade bei weicheren Unterlagen – immer gut gefüllt sein. Zeitschriften mit geleimtem Rücken sind standfester. Stehsammler sind in unterschiedlichen Ausführungen erhältlich – in DIN A4 und in DIN A5, aus Pappe oder Kunststoff und natürlich in unterschiedlichen Farben und Designs.

Überlegen Sie, welche Materialien und Helfer Ihnen wie helfen können. Welche „Behälter" können Sie wozu nutzen? Wie sieht es mit ständig benötigten Unterlagen aus? Wie mit den schwebenden Vorgängen? Wie organisieren Sie sich heute? Wie können Sie für noch mehr Ordnung und Transparenz sorgen?

Sind noch Fragen hierzu offen, lesen Sie das Kapitel „Wiedervorlage" (siehe Seite 76ff.).

TIPP

Stets einsatzbereit

Bitte nehmen Sie sich die Zeit, alle Ihre Helfer stets einsatzbereit zu halten:

- *Bleistifte angespitzt aufbewahren beziehungsweise bei Druckbleistiften einen Minenvorrat vorhalten*
- *Leere Kugelschreiber wegwerfen oder sofort auffüllen*
- *Leere Hefter auffüllen*
- *Defekte Arbeitsgeräte entsorgen*
- *Zu Arbeitsbeginn Notizblock bereitlegen*
- *Neue Ordner, Mappen, Trennstreifen etc. bereithalten*
- *Defekte Mappen/Ordner sofort ersetzen*
- *Rechtzeitig neue Ordner und Mappen anlegen – bevor die bestehenden aus allen Nähten platzen*

Stapelwesen

Stapel sind auf vielen Schreibtischen zu finden, da die Menschen so das Gefühl haben, alles im Blick zu behalten. Manche möchten auch bewusst den Anschein erwecken, sehr beschäftigt zu sein. Anderen vermittelt ein leerer Schreitisch das Gefühl, sie seien nicht wichtig oder werden nicht gebraucht. Viele dieser Stapelarbeiter wissen meist auch, auf welcher Höhe welcher Vorgang ist. Die Frage ist jedoch NICHT: „Weiß ich, wo alles ist?" Die Frage IST: „Weiß ich, welche Aufgaben und Projekte ich zu erledigen habe?" UND: „Weiß ich, was bis wann fertig sein muss und wann ich spätestens damit zu beginnen habe?" Und das ist meist nicht der Fall. Denn Stapelarbeiter führen in der Regel keine To-do-Listen.

- ### Lesestapel

Der Lesestapel ist der einzig tolerierte Stapel in der Fachliteratur. Legen Sie ausschließlich Dinge zum Lesen dort hinein, keine Aufgaben. Und begrenzen Sie diesen Stapel. Nutzen Sie ein begrenztes Fach oder bringen Sie eine Markierung in der Höhe Ihrer Wahl neben dem Stapel der Informationen an, die Sie lesen möchten, „wenn mal Zeit ist". Denn oft findet sich keine Zeit, weil andere Dinge wichtiger und dringender sind. Hat der Stapel dann die Markierung erreicht, werfen Sie ihn einfach weg oder wengistens die untere Hälfte. Damit Sie dies tun können, ohne die einzelnen Vorgänge vorher nochmals zu sichten, dürfen sich nur Lesedinge darin befinden.

Sie können hier beherzt entsorgen, da Sie Dinge, die Sie bis dahin nicht gelesen haben, auch in Zukunft nicht lesen werden. Und was so weit unten liegt, ist meist schon veraltet und gar nicht mehr lesenswert.

Befinden sich Zeitschriften in Ihrem Lesestapel, reißen Sie beim Durchblättern die Artikel heraus, die Sie lesen möchten. Möchten oder dürfen Sie die Zeitschriften nicht zerreißen, kennzeichnen Sie Artikel beim Durchblättern entweder im Inhaltsverzeichnis oder mit kleinen Haftnotizen. Somit brauchen Sie die Zeitschriften nur einmal durchblättern und sparen Zeit beim Sichten. Macht Lesen einen hohen Anteil Ihrer Aufgaben aus, dann behandeln Sie es auch als Aufgabe: Lesen Sie kurze Texte (maximal 2 Seiten) sofort und planen Sie für umfangreichere Schriften feste Lesezeiten ein.

Haben Sie viel zu lesen, lohnt es sich auch, die eigene Lesetechnik zu optimieren. Hier gibt es mehrere Möglichkeiten:

- Lesen Sie zunächst Überschriften und Bildunterschriften und entscheiden Sie dann, ob Sie den ganzen Artikel lesen möchten.

- Überfliegen Sie den Text und suchen Sie nach ein bis zwei Stichworten, die Sie sich vorher überlegt haben. Sind diese im Text nicht enthalten, brauchen Sie den Text auch nicht zu lesen.

- Notieren Sie sich Fragen, die nach dem Lesen des Textes beantwortet sein sollen.

- Nutzen Sie Ihren Zeigefinger oder einen Stift als „Lesezeiger". Oft lesen wir Wort für Wort. Das ist langsam und langweilig für unser Gehirn. Fahren Sie mit dem Finger/dem Stift den Text entlang und folgen Sie konsequent diesem „Zeiger". So können Sie Ihre Blickspanne erweitern und damit Ihre Lesegeschwindigkeit erhöhen. Und Ihre Gedanken schweifen nicht so leicht ab.

- **Stapellos werden**

Die WEWA-Technik ist eine der besten Techniken, um sich einen Überblick zu verschaffen, rasch Ordnung zu machen und diese dauerhaft zu halten. Möchten Sie einen überquellenden Ablagekorb sortieren oder einen Stapel auflösen, verwenden Sie am besten die WEWA-Technik. Und wenn Sie WEWA künftig konsequent bei jedem neuen Vorgang anwenden, der auf Sie zukommt, dann bilden sich gar keine Stapel mehr. Denn Stapel entstehen immer dann, wenn wir keine Entscheidung treffen und die entsprechenden Unterlagen beziehungsweise Dinge „erst mal irgendwo" hinlegen.

Auch virtuelle Stapel produzieren wir, indem wir Mails öffnen und wieder schließen, ohne eine Aktion einzuleiten. Der Unterschied zwischen Papier- und virtuellen Stapeln besteht lediglich darin, dass wir die virtuellen Stapel nicht so unmittelbar sehen. So ist die Gefahr, sie zu vergessen, noch größer als bei Papiervorgängen.

Wichtig bei WEWA: Markieren Sie auf dem Fußboden oder auf einem Tisch (möglichst nicht den Schreibtisch verwenden) 4 Felder, nicht mehr! Denn würden Sie ein fünftes Feld aufmachen, hieße das „Weiß ich jetzt nicht" – und schon wäre ein neuer undefinierter Stapel eröffnet.

Arbeiten Sie sich nun konsequent durch den überquellenden Postkorb oder die (Papier-)Stapel auf Ihrem Schreibtisch, bis alle Blätter einem der Felder zugeordnet sind. Treffen Sie für jedes Stück Papier, das gerade dran ist, eine Entscheidung. Erst dann nehmen Sie das nächste Blatt zur Hand. Damit Sie dies tun können, möchten Sie nun natürlich wissen: Was heißt WEWA? WEWA steht für: Wegwerfen, Erledigen, Weitergeben, Ablegen. Schreiben Sie ruhig jeden Begriff auf ein Stück Papier und legen Sie es in das entsprechende Feld. Das hilft Ihnen später, die einzelnen Vorgänge rascher den entsprechenden Feldern zuzuordnen.

Wegwerfen

Bei jedem Schriftstück, das Sie in die Hand nehmen, fragen Sie sich: Brauche ich das noch? Ist es wertvoll für mich oder andere? Oder kann ich es direkt entsorgen? Sind Sie unschlüssig, fragen Sie sich: Was ist das Schlimmste, das passieren kann, wenn ich dieses Papier jetzt wegwerfe? Wofür genau brauche ich es? Könnte es jemand zu einem späteren Zeitpunkt von mir verlangen? Ist es ein Original oder eine Kopie? Könnte ich es wiederbeschaffen?

Wenn Sie wirklich im Zweifel sind und sich auch danach nicht entscheiden können, es zu entsorgen, dann überlegen Sie nicht weiter. Das kostet unnötig Zeit. Legen Sie das Schriftstück in das Feld „Ablage". Bedenken Sie andererseits aber auch, dass wir laut einer Studie nur 4 bis 5 Prozent von den „Könnte ja sein, dass es noch einer braucht"-Dingen jemals wieder benötigen. Immer wenn Sie eine Wiederbeschaffungsmöglichkeit kennen, heißt die Empfehlung daher: entsorgen! Damit Sie Ihre Aufräumenergie umfassend nutzen können, stellen Sie sich zu Beginn Ihrer Aktion mindestens eine große Kiste für das Papier bereit.

> **Die Basis einer gesunden Ordnung ist ein großer Papierkorb.**
>
> *Kurt Tucholsky*

Erledigen

Haben Sie entschieden, dass eine Unterlage noch gebraucht wird, weil sie Aufgaben oder Termine enthält, kommt sie in das Feld „Erledigen". Gerade beim Aufräumen und Aussortieren kommen in das Feld „Erledigen" auch die „Ich weiß noch nicht genau, was ich damit tun soll"-Papiere.

Für Aufgaben gibt es dann zwei Möglichkeiten der Erledigung – entweder „sofort" (wenn es eine echte Sofort-Aufgabe ist, siehe

Seite 33) oder zu einem bestimmten Termin. Echte Sofort-Aufgaben lassen sich innerhalb von wenigen Minuten (2 bis 5 Minuten) erledigen und haben meist einen zeitnahen Erledigungstermin. Die Aufgaben mit Termin kommen in eine Wiedervorlage und werden in eine To-do-/Aufgabenliste eingetragen. Bitte versehen Sie jede dieser Aufgaben mit einem Erledigungstermin und tragen Sie wirklich alle Aufgaben in Ihre Aufgabenliste ein. Der Termin kann ein taggenauer Termin oder durch eine Woche bestimmt sein („Erledigen bis Ende KW 27"). Die Aufgabenliste kann mit der Stift-und-Zettel-Methode oder über eine Excel-Liste, über Outlook oder ein anderes Programm erstellt und verwaltet werden.

Denken Sie daran: Auch Lesen kann eine Aufgabe sein, die Sie in Ihre To-do-Liste eintragen. Entweder legen Sie den Text bis dahin in Ihre Wiedervorlage oder Sie bilden einen Lesestapel (siehe Seite 67f.). Lesen ist immer auch eine gute „Zwischendurch-Aufgabe", um Wartezeiten zu überbrücken.

Weitergeben

Leiten Sie Vorgänge beim Aussortieren gesammelt an die Kollegen oder Abteilungen weiter, die spezielle Fachkenntnisse besitzen oder die entsprechenden Aufgabengebiete betreuen. Legen Sie dazu entsprechende Mappen an. Immer wenn ein neuer Vorgang hereinkommt,

Immer gut organisiert

treffen Sie bitte rasch eine Entscheidung und geben die Vorgänge rasch weiter. Wenn Sie erst einmal drei Wochen darauf sitzen, kann es sein, dass der Vorgang für den anderen wertlos geworden ist oder dass er in Stress gerät, da ihm nun die nötige Bearbeitungszeit fehlt.

Bei der Weitergabe per E-Mail gehen Sie bitte besonders sorgsam und zielgerichtet vor. Oft erhalten wir „Gießkannen-Mails" mit einem Riesenverteiler und wir müssen dann erst einmal prüfen, ob die Informationen auch für uns wichtig sind. Denken Sie an den guten alten Brief: Hier hätten wir uns gut überlegt, ob wir 30 Menschen anschreiben und eine Anlage von 50 Seiten ausdrucken und kuvertieren. Bei E-Mails sind wir da etwas gedankenloser und freigiebiger.

Ablage

Wenn Sie zu dem Schluss kommen, dass bestimmte Unterlagen auch weiterhin für Sie von Wert sein können, kommen sie in Ihre Ablage. Beim Aussortieren können Sie hier zwei Felder bilden – eines für Unterlagen, bei denen der Ablageort schon bekannt ist, und eines für „Ich weiß noch nicht wohin damit"-Unterlagen. Das entscheiden Sie dann in der nächsten Runde oder Sie bilden EINEN Ordner „Diverses". Denn meist bleiben einige Unterlagen übrig, für die Sie keinen Ablageort festlegen können beziehungsweise für die es sich nicht lohnt, extra einen Ordner anzulegen.

Packen Sie diese Unterlagen alle in einen Ordner und versehen Sie diesen mit einem Ordnungssystem. Nummerieren Sie die Vorgänge von unten nach oben chronologisch durch. Immer wenn nun ein neuer Vorgang hinzukommt, erhält er die nächste fortlaufende Nummer. Erstellen Sie zudem ein Inhaltsverzeichnis. Tragen Sie die Nummer des Vorgangs ein,

die Überschrift und ein paar Stichworte zu dem Text. Ihre EDV hilft Ihnen dann später beim Suchen, wenn Sie diese Stichworte eingeben. So wissen Sie sofort: Das ist in meinem Divers-Ordner, Vorgang 23 …

Ablage ist für viele Menschen ein leidiges Thema. Daher finden Sie im Kapitel „Die Ablage – kein Buch mit 7 Siegeln" weitere Tipps und Informationen dazu (siehe Seite 84ff.).

TIPP

Kopfüber durch die Stapel

Drehen Sie die Stapel, bevor Sie mit dem Aussortieren beginnen, um. So ist das Älteste nun oben. Die Entscheidung, was damit zu tun ist, fällt meist leichter und vieles wird in die „Ablage P" (Papierkorb) wandern. Bis Sie bei den neueren Vorgängen angekommen sind, haben Sie sich schon warm gearbeitet und die Entscheidungen fallen Ihnen leichter.

Sind Sie besonders gut in Form, setzen Sie bei Ihrer Aufräumaktion noch eins obendrauf: Alles, was Sie sofort ablegen oder durch ein Telefonat, Fax oder eine E-Mail erledigen können, erledigen Sie SOFORT. Denken Sie dabei an „zack und weg" oder professioneller ausgedrückt: Lieber gut erledigt statt perfekt vor sich hergeschoben!

Immer gut organisiert

Um Papier- und virtuelle Stapel auch künftig zu vermeiden, treffen Sie für jedes Stück Papier, das Sie in die Hand nehmen, und für jede E-Mail, die Sie öffnen, sofort eine Entscheidung. Setzen Sie sich mit jedem Schriftstück oder Vorgang auseinander, bevor Sie zum nächsten weitergehen. Das schafft dauerhaft Ordnung, weil die Dinge dann immer dort sind, wo sie hingehören. Was Sie dazu brauchen, ist – Sie ahnen es – Disziplin und den 5-Minuten-Schnellcheck.

Werkzeuge: Der 5-Minuten-Schnellcheck

Prüfen Sie sämtliche eingehende Dokumente (ob Papier oder am PC) anhand des folgenden Schemas:

Nützlich?

▸ Nein ▸ Sofort in den Papierkorb!

▸ Ja ▸ Für wen? ▸ Für andere ▸ Sofort oder zumindest bald weitergeben

▸ Für mich ▸ Aufgabe oder Ablage?

▸ Aufgabe ▸ Sofort erledigen oder auf Wiedervorlage (Termin für die Erledigung vergeben und in der Aufgabenliste notieren)

▸ Ablage ▸ Dort ablegen, wo es hingehört (Aufbewahrungsfristen beachten, evtl. sofort Verfalldatum notieren)

Immer gut organisiert

Die Wiedervorlage

Die Wiedervorlage ist ein Überwachungsinstrument und Frühwarnsystem. Hier ruhen die Vorgänge – sortiert und an einem festen Platz – bis zu dem Tag, an dem sie zum Einsatz kommen (Einladungen, Eintrittskarten …) oder bis die nächste Entscheidung zu treffen beziehungsweise der nächste Arbeitsschritt zu tun ist (Rechnung zahlen, Angebot schreiben, Angebot nachfassen, Kunden anrufen …). Bei der Fülle an täglichen Aufgaben, aber auch aufgrund der Änderung von Terminen und Aufgaben kann unser Gehirn gar nicht mehr alles speichern und überblicken. Nutzen Sie daher eine Wiedervorlage und deren Vorteile.

- ### Senkrecht oder waagerecht

Es gibt die Möglichkeit, die Wiedervorlage in Papierform, in elektronischer Form oder als Kombination von Papier und EDV zu organisieren, wobei sich bei der Papierform noch die Frage stellt, ob waagerecht (liegend) oder senkrecht (hängend oder stehend) angeordnet. Es gibt auch hier kein Richtig oder Falsch beziehungsweise kein Besser oder Schlechter. Die richtige Methode ist immer diejenige, die Ihnen am besten liegt und die Sie kontinuierlich pflegen.

Für die senkrechte Methode eignen sich Hängetaschen (mit Seitenfröschen). Pro Tag eine Tasche und pro Monat eine Tasche. Immer zum Monatswechsel wird der aktuelle Monat in die Tagestaschen umsortiert. Auch für das Folgejahr bietet es sich an, eine extra Hängetasche einzurichten. Alternativ können Sie für die senkrechte Methode die Systeme von Mappei (www.mappei.de) oder Classei (www.classei-shop.com) nutzen. Beide Systeme arbeiten mit Einstellmappen, die oben beschriftet und in Ordnungsboxen eingestellt werden.

Für die waagrechte Methode eignen sich Pultordner von 1 bis 31 und von Januar bis Dezember. Haben Sie viel Schriftgut, sind zwei getrennte Mappen zu empfehlen. Bei weniger Schriftgut können Sie auch einen kombinierten Pultordner verwenden. Wie bei den Hängetaschen werden immer zum Monatswechsel die Vorgänge des aktuellen Monats in die Tagesfächer umsortiert. So nehmen Sie die Vorgänge immer nur dann zur Hand, wenn sie an der Reihe sind. Ein Vorgang für den 15. September ruht also im Monatsregister, bis er Ende August oder Anfang September in die Tageswiedervorlage umsortiert wird und an der Reihe ist. Würden Sie Tages- und Monats-Wiedervorlage nicht trennen, würden Sie diesen Vorgang im Lauf des Jahres mindestens achtmal anfassen, bis er dann im September endlich bearbeitet wird. Ganz gleich, für welches System Sie sich entscheiden: Die einzelnen Aufgaben sind immer mit Termin in Ihrem To-do-Instrument eingetragen.

Immer gut organisiert

Die Methode pro Tag einen Behälter und pro Monat einen Behälter können Sie natürlich auch auf das elektronische (E-Mail-)System übertragen. Legen Sie im Posteingang einen Ordner „Wiedervorlage" an. Darunter 31-Tages-Ordner und 12-Monats-Ordner. In diese Unterordner kommen dann die elektronischen Vorgänge, bis sie an der Reihe sind.

Wichtig ist natürlich, dass Sie auch dieses System pflegen und täglich in den entsprechenden Ordner schauen. Eine Alternative ist, die Dokumente als Termin im Kalender zu hinterlegen. All diese Methoden haben Vor- und Nachteile, sodass auch hier gilt: Es gibt kein Richtig oder Falsch, vielmehr ein Geeignet oder Ungeeignet.

● Nach Termin oder „chaotisch"?

Die Wiedervorlage nach Termin ist einfach zu organisieren, da die Vorgänge einen festen Termin haben, zu dem sie weiter zu bearbeiten sind beziehungsweise zu dem sie gebraucht werden. Dabei können Sie die Wiedervorlage ganz unterschiedlich organisieren:

- Das Original kommt in die Wiedervorlage und ein Bearbeitungsvermerk auf die To-do-Liste.

- Das Original kommt dorthin, wo es hingehört (Kundenakte, Projektordner, Angebotsordner …), in der Wiedervorlage befindet sich eine Kopie (oder auch nicht) und in Ihrer To-do-Liste ein Bearbeitungsvermerk.

- Das Original ist dort, wo es hingehört, und Ihre EDV erinnert Sie an dem entsprechenden Tag daran, die Aufgabe zu erledigen. Aus E-Mails machen Sie dafür entweder eine Aufgabe oder einen Termin.

Dann sind da noch längerfristige schwebende Vorgänge. Hier gibt es oft keinen festen Termin, an dem die Unterlagen am besten beziehungsweise richtig aufgehoben wären. Diese Vorgänge kommen in die „schnelle Wiedervorlage", auch „chaotische Wiedervorlage" genannt. Die chaotische Verwaltung ist aus der Lagerverwaltung bekannt, wobei diese nur dem Namen nach chaotisch ist. Chaotische Lagerhaltung bedeutet vereinfacht ausgedrückt, dass das, was hereinkommt, an einen beliebigen freien, passenden Platz gelegt wird. Es ist also grundsätzlich eine sehr intelligente Methode, da sie schnell ist und die Kapazitäten optimal nutzt.

Die chaotische Wiedervorlage funktioniert ähnlich und eignet sich für alle Aufgaben, an denen Sie längerfristig arbeiten. Besorgen Sie sich beispielsweise eine Mappe mit Registern oder einzelne Eckspanner und nummerieren Sie diese Ablageorte durch (bei Projektmappen ist manchmal schon eine

Nummerierung auf dem Deckel). Wenn Sie jetzt ein Dokument für die spätere Bearbeitung weglegen möchten, nehmen Sie ein leeres Register beziehungsweise einen leeren Eckspanner und legen das Dokument hinein. Notieren Sie in Ihrer Aktivitätenliste dazu einen Bearbeitungstermin und den gewählten Ablageort (Fach 15 oder Eckspanner 5). So haben Sie einen freien Schreibtisch und die benötigten Unterlagen trotzdem stets griffbereit.

Haben Sie dauerhaft mehrere schwebende Vorgänge, an denen Sie arbeiten, bietet es sich an, ein Inhaltsverzeichnis zu erstellen. Darauf notieren Sie die Fach- beziehungsweise Mappennummer, das Thema, einen Bearbeitungsvermerk, Termine und was Ihnen sonst noch wichtig erscheint. Hier stellt sich einmal mehr die Frage nach dem Verhältnis von Aufwand und Ertrag: Tragen Sie jeden Vorgang sofort ein, ist es eine Sache von Sekunden. Der Ertrag, den Sie haben, ist, dass Sie immer sofort wissen, wo welcher Vorgang zu finden ist. Sie sparen sich so das Suchen und Ihr Schreibtisch sieht immer ordentlich und gut organisiert aus. Durchforsten Sie Ihre laufenden schwebenden Projekte regelmäßig (mindestens ein- bis zweimal im Jahr) unter folgendem Gesichtspunkt: Was ist abgeschlossen oder hat sich erledigt? Lösen Sie diese Vorgänge auf. Entsorgen Sie sie oder überführen Sie sie in Ihr Ablagearchiv.

Muster: Inhaltsverzeichnis für die chaotische Ablage

Fach/Eckspanner	Thema	Bemerkung	Termine
Laufende/schwebende Aufgaben			
5	Veranstaltung am 12. Juni	Einladungen versenden	bis 12. April
3	Konzept für XY	Versenden	am 3. Febr.
20	Flyer erstellen		bis 30. Juni

● Warum eine Wiedervorlage sinnvoll ist

Jedes System ist nur so gut, wie wir es pflegen. Natürlich will auch die Wiedervorlage gepflegt sein. Unter dem Aspekt Aufwand/Ertrag ist die Pflegezeit jedoch gut investierte Zeit. Wer nicht eine strukturierte Wiedervorlage verwendet, arbeitet meist mit Stapeln, deren ständiges Durchforsten nach den heute anstehenden Aufgaben viel zeitaufwendiger ist. Zudem ist die Gefahr groß, dass Sie Aufgaben zu spät beginnen oder komplett vergessen. Nutzen Sie daher die Vorteile, die Ihnen eine Wiedervorlage bietet:

- Sie ermöglicht Ihnen, viele Bälle gleichzeitig zu jonglieren.

- Sie verschafft Ihnen einen Überblick über alle Angelegenheiten.

- Sie sorgt für Ordnung.

- Sie gibt Ihnen die Vorgänge immer genau dann an die Hand, wenn Sie sie brauchen.

- Sie hilft Ihnen, Arbeiten gut und pünktlich zu erledigen.

- Sie erlaubt Ihnen, Aufgaben und Projekte mit mehr/genügend Vorlaufzeit zu beginnen.

- Sie erinnert Sie daran, wen Sie wann kontaktieren müssen/möchten.

- Sie hilft Ihnen, alle Ihre Angelegenheiten im Griff zu behalten.

- Sie zeigt Ihnen, welche Aufgaben Sie an andere übertragen haben.

- Sie ermöglicht Ihnen, schneller Entscheidungen zu treffen.

- Sie reduziert Brände, die Sie (sonst) zu löschen hätten.

- Sie gibt Ihnen die völlige Kontrolle über Termine, Aufgaben sowie Ihren Tagesablauf.

- Sie hält Ihren Schreibtisch frei.

- Sie gibt Ihnen das Gefühl: „Heute habe ich wirklich etwas geschafft!"

- Sie lässt Sie die Wochenenden zu Hause verbringen.

- Sie lässt Sie nachts gut schlafen.

Die Ablage – kein Buch mit 7 Siegeln

Der Begriff Ablage umfasst die Kernaufgaben der Informationsverwaltung. Ablage ist die Verwaltung schriftlicher Informationen. Das bedeutet: Informationen systematisch sammeln, sichten, selektieren, auswerten, strukturieren, zuordnen, verwahren und vernichten, um sie zeit- und kostensparend kontinuierlich und komplett unter Kontrolle zu haben – zum optimalen Nutzen für das Unternehmen und für Sie. Obwohl eine gut organisierte und gut geführte Ablage von großer Wichtigkeit für jedes Büro ist, gehört sie oft zu den meistunterschätzten und unliebsamen Aufgaben. Mangelhafte Ablagesysteme sind große Zeitfresser, machen sehr viel Mühe und sind eine gefährliche Fehlerquelle.

● Kriterien – wonach wird abgelegt

Es gibt unterschiedliche Kriterien, wie Sie Ihre Ablage strukturieren können. Im gesamten Ablagesystem kommen meist mehrere Kriterien zum Einsatz, je nachdem, was abgelegt werden soll. So eignet sich die chronologische Ablage nach Datum für laufende Vorgänge oder für Rechnungen. Bei der chronologischen Ablage gibt es zwei verschiedene Heftungen: die kaufmännische Heftung – das Aktuelle kommt immer oben auf den Vorgang – und die Amtsheftung – das Aktuelle kommt nach hinten, sodass sich der Vorgang wie ein Buch liest.

Die alphabetische Ablage eignet sich beispielsweise für Kunden- oder Lieferantenordner. Ein kleiner Nachteil dieser Ablage: unterschiedliche Menschen (und auch die EDV) haben oft unterschiedliche Auffassungen bezüglich des Alphabets und der Sonderfälle. So gilt das ß zum Beispiel als ss, was bei den Namen Meissner und Meißner für Verwirrung sorgen kann.

Alternativ wird bei der Ablage von Kunden- oder Lieferantenvorgängen auch die numerische Ablage eingesetzt. Es wird dann nach der vergebenen Kunden- oder Lieferantennummer abgelegt. Das hat bei der Papierablage den Vorteil, dass die Ablage einfach immer weiter nach hinten ausgebaut wird und Ordner nicht umsortiert werden müssen. Alphanumerische Systeme – die Kombination von Buchstaben und Zahlen – eignen sich vor allem für sehr umfangreiche Ablagesysteme. Je größer das Ablagesystem ist und je mehr Menschen die Ablage pflegen, desto wichtiger sind ein Aktenplan und genau definierte Zuständigkeiten.

Ein Aktenplan bildet die Struktur aller Ordner und Dokumente ab. Er gibt Auskunft darüber, wie Akten benannt und wo sie zu finden sind. Damit dies gelingen kann, sind einheitliche Begriffe festzulegen, denn Menschen haben unterschiedliche Assoziationen und Arbeitsweisen (so kann der gleiche Vorgang bei-

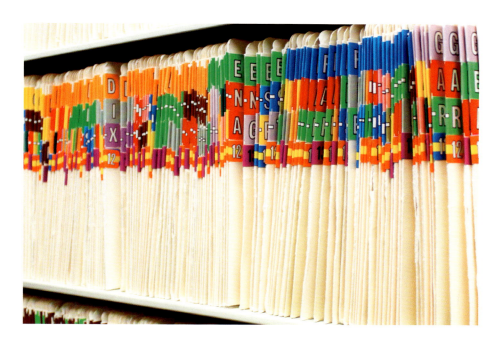

Immer gut organisiert

spielsweise unter Auto, Pkw, Kfz oder Fuhrpark abgelegt werden). Ziel des Aktenplans ist, dass jeder sich in dem Ablagesystem zurechtfindet und definierte Ablagestrukturen eingehalten werden.

Ein Ablageplan hilft vor allem, Wildwuchs auf Laufwerken und Servern einzudämmen. Sollen mehrere Menschen oder Abteilungen die gleiche Ablagestruktur nutzen, ist es unbedingt erforderlich, dass sie in den Aufbau miteinbezogen werden. Der klassische Aktenplan hat maximal 10 Hauptgruppen (0–9). Die Nummern der Hauptgruppen verteilen Sie entweder nach Wichtigkeit oder nach Zugriffshäufigkeit des Themas. Jede Hauptgruppe kann Unterordner enthalten. Ein Unterordner darf nie so heißen wie ein Hauptgruppenordner. Zur Anzahl der Unterordner sind in der Literatur unterschiedliche Angaben zu finden – 5 bis maximal 10, je nachdem, auf welche Methode Bezug genommen wird.

Viele Ablagen kranken daran, dass die Hierarchie der Begriffe gebrochen wird. Sie entscheiden, was ein Ober- und was ein Unterordner ist. Haben Sie entschieden, dass es einen Ordner gibt, der „Verträge" heißt, dann ist das der Oberbegriff. Dieser sollte dann nicht noch einmal als Unterbegriff auftauchen, da das Durcheinander sonst programmiert ist.

 **Muster:** **Möglichkeit 1**

Produkt 1

Statistik

Vertrieb

Werbung

Produkt 2

Statistik

Vertrieb

Werbung

Produkt 3

Statistik

Vertrieb

Werbung

 **Muster:** **Möglichkeit 2**

Statistik

Produkt 1

Produkt 2

Produkt 3

Vertrieb

Produkt 1

Produkt 2

Produkt 3

Werbung

Produkt 1

Produkt 2

Produkt 3

Immer gut organisiert

Beide Möglichkeiten sind geeignet und beide Möglichkeiten sind, von außen betrachtet, gleich gut. Welches für Sie und Ihr System die bessere Alternative ist, das können nur Sie selbst entscheiden. Arbeiten mehrere Menschen mit einem Ablagesystem und haben Zugriff darauf, dann sollten auch die entsprechenden Zugriffsberechtigungen mit Bedacht vergeben werden. Bei sehr großen, umfangreichen Ablagesystemen empfiehlt es sich, die entsprechenden Teil-Aktenpläne in den dafür reservierten Schränken auszuhängen.

Oft finden Menschen einzelne Dokumente nicht wieder. Hier hilft folgender Tipp: Setzen Sie einfach in der Fußzeile des Dokuments den „Pfad" (Dateiname und Speicherort) ein. Gerade bei Unterlagen, die Sie auch ausdrucken, hilft dies ungemein, Suchzeiten nicht nur zu reduzieren, sondern ganz zu vermeiden. Für eine bessere Übersicht und zum leichteren Finden von Dokumenten empfiehlt sich ein einheitliches System für Dateinamen. Ein bewährtes Beispiel: JahrMonatTag_Stichwort/Thema_Kürzel des Verfassers, zum Beispiel 20151104_KundeninfoVT_BG.

Ebenfalls wichtig: Haben Sie unterschiedliche Stände oder Versionen eines Dokuments, befindet sich immer nur das aktuelle Dokument im entsprechenden Ordner. Für alle vorherigen Versionen gibt es EINEN Ordner „Archiv". Dort befinden sich alle Vorgängerversionen aller Dokumente – falls Sie doch noch einmal eine ältere Version benötigen.

TIPP

Die goldenen Regeln für eine funktionierende Ablage

1. Entwerfen Sie möglichst einfache und übersichtliche Ablagestrukturen.
2. Strukturieren Sie Ihre Papierablage analog zu Ihrer EDV-Ablage.
3. Gestalten Sie das System so, dass es für andere nachvollziehbar ist.
4. Vergeben Sie eindeutige Namen. Bezeichnungen wie „Allgemeines" oder „Sonstiges" sind tabu!
5. Bilden Sie Ober- und Unterordner, maximal 10 Ordner in jeder Ebene (0 bis 9).
6. Planen Sie Ihr Ablagesystem so, dass es flexibel und leicht erweiterbar ist.
7. Ermöglichen Sie einen raschen Zugriff und ein schnelles Auffinden der Vorgänge.
8. Vermerken Sie ein Wegwerfdatum zu den einzelnen Vorgängen und Ordnern.
9. Sortieren Sie abzulegende Dokumente regelmäßig ein.
10. Sortieren Sie Altlasten regelmäßig aus.
11. Lagern Sie abgeschlossene Vorgänge aus, zum Beispiel ins Archiv.
12. Verwenden Sie in arbeitsreichen Zeiten eine Vor-Ablage (Vorsortier-Ordner, Pultordner …).
13. Legen Sie Zuständigkeiten und Zugriffsberechtigungen fest.
14. Halten Sie die Vorgaben für die Ablage schriftlich fest und penibel ein!

Um die Ablage generell schlank zu halten, empfehlen sich folgende Regeln:

- Ablagemöglichkeiten und Ablagebehältnisse auf ein Minimum begrenzen

- Wegwerfdatum notieren und beherzigen

- Regelmäßig ablegen

- Regelmäßig und mutig entsorgen

- Aktentausch vornehmen: aktuelle Unterlage hinein, veraltete heraus

- Bei Suchvorgängen Veraltetes, das ins Auge fällt, sofort entsorgen

- Ablage immer sofort/zeitnah nach Abschluss eines Projektes erledigen

Manchmal erbt man auch Ablagen von Vorgängern. Oder man war in der vermeintlich glücklichen Lage und hatte lange Zeit viel Platz, jetzt aber quellen die Schränke langsam über. Oder ein Umzug steht an und man will die Gelegenheit nutzen, um auszusortieren. Auf den ersten Blick weiß man aber gar nicht, was weg darf und was bleiben muss.

Gehen Sie größere Ablageprojekte mit der bewährten Salami-Taktik an: Kennzeichnen Sie die Ordner, die Sie durchsehen möchten, mit einem Klebepunkt oder einer kleinen Haftnotiz. Setzen Sie sich einen Termin, bis zu dem Sie das „Akten-Durchforsten-Projekt" abgeschlossen haben. Legen Sie Termine fest, wann Sie sich mit dem Aussortieren befassen wollen. Notieren Sie dazu, welche Menge Sie jeweils bearbeiten wollen oder wie viel Zeit Sie sich an jedem Termin dafür nehmen möchten. Da Sie die Ordner, die Sie durchforsten möchten, gekennzeichnet haben, können Sie zusätzlich die Zwischendurch-Strategie anwenden. Immer wenn Wartezeiten entstehen, erledigen Sie die Ablage und das Aussortieren. Ist Ihre Arbeit getan: Feiern Sie Ihre Erfolge!

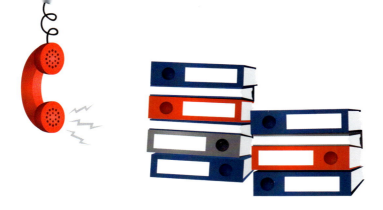

● Fristen und Wertstufen: Wann darf was weg?

Die gängigsten gesetzlichen Aufbewahrungsfristen liegen im Moment bei 6 und bei 10 Jahren. Für einige Unterlagen gilt auch eine dauerhafte Aufbewahrungsfrist.

Für die Dinge, für die es keine gesetzlichen Aufbewahrungsfristen gibt, legen Sie bitte selbst eine Frist fest, zum Beispiel für (Fach-)Zeitschriften. Notieren Sie auf Vorgängen und Ordnern sofort ein Wegwerfdatum. In dem Moment, in dem Sie einen Ordner anlegen, wissen Sie, wann dieser entsorgt werden darf. Stehen die Akten nämlich erst einmal im Schrank oder in einem Archiv oder sind sie in Ihrer EDV-Ordner-Struktur verschwunden, ist das Aussortieren mit einem hohen Zeit- und Energieaufwand verbunden. Und weil wir diese Zeit nicht haben, schieben wir das Ausräumen zeitlich undefiniert vor uns her. Lieber kaufen wir noch ein Regal oder einen Schrank und mieten noch einen Raum, bevor wir uns die Zeit nehmen, auszusortieren.

Sortieren Sie konsequent aus und setzen Sie sich für größere Aktionen Termine, die Sie in Ihren Kalender eintragen. Denken Sie beim Archivieren auch an die elektronische Aufbewahrung: Zum einen daran, dass Sie auch Ihre EDV regelmäßig entrümpeln und Dateien löschen. Zum anderen besteht die Möglichkeit, Ihre schriftlichen Unterlagen in elektronische Dateien umwandeln zu lassen. Viele Firmen übernehmen das Einscannen, das Archivieren und auch das Entsorgen für Sie.

Eine Alternative für die Zuordnung von Fristen sind die Wertstufen. Bereits beim Sammeln können alle eingehenden Vorgänge und Dinge einer Wertstufe zugeordnet werden:

0 = Nullwert ▶ Prospekte, Werbebriefe ▶ rasch in den Papierkorb

1 = Tageswert ▶ Einladung, Glückwünsche

2 = Jahreswert ▶ Fahrpläne, Kataloge

3 = Eigenwert ▶ persönliche Dinge, Vorlieben

4 = Fristwert ▶ Steuerdinge, Geschäftsunterlagen

5 = Archivwert ▶ Dauerwert

Die spannende, weil gefährliche Stufe ist die Stufe 3, der Eigenwert. Werden hier keine klaren Fristen festgelegt, ist die Gefahr des unkontrollierten Hortens groß. Also treffen Sie eine Entscheidung: Definieren Sie für alle Themen ein Verfallsdatum und entsorgen Sie die Dinge, sobald der Termin verstrichen ist. Für die Jäger und Sammler: Starten Sie mit einem größeren Zeitfenster und beobachten Sie, ob die Fristen angemessen sind oder ob die Zeitfenster Stück für Stück verkleinert werden können.

Muster: Akten-Entsorgungsplan

Akte/Thema/Inhalt	Standort	Entsorgen am …	Erledigt (wer, wann)

Werkzeuge: Ablage-Check

Hier finden Sie einige hilfreiche Fragen, um Ihre Ablage auf Herz und Nieren zu prüfen:

- Weshalb soll es abgelegt werden?
    - ▶ Ist das Aufheben **wirklich** erforderlich?
- Wo soll es abgelegt werden?
    - ▶ Ordner/Hängeordner/PC/Raum/...
- Wer soll Zugriff auf die Ablage haben?
    - ▶ Hat möglicherweise Auswirkungen auf das Wo (zum Beispiel Lage des Raums)
- Wie soll es abgelegt werden?
    - ▶ Kriterien: alphabetisch, numerisch, alphanumerisch ...
    - ▶ Art: Papier/PC/beides
- Wie lange soll es abgelegt werden?
    - ▶ Wegwerfdatum gleich auf dem Dokument vermerken
- Wer soll ablegen?
    - ▶ Klare Regeln und Zuständigkeiten festlegen
- Wo und wie können allgemeine Dinge zentral abgelegt werden?
    - ▶ Telefonverzeichnisse, Checklisten, Formulare, interne Informationen ...
    - ▶ Auch übertragbar auf Materialien (ein Allgemein-Schrank für Büromaterialien, **ein** Ort für Bedienungsanleitungen ...)
- Wer überwacht die Aktualität der Ablage?
    - ▶ Zuständigkeiten festlegen (Wer entsorgt? In welchen Abständen?)
- Wer überwacht die Aktualität und das Einhalten der Ablagerichtlinien in welchen Abständen?
    - ▶ Zuständigkeiten und Intervalle festlegen

• Farben: Treiben Sie's bunt

Farben umgeben uns ständig und werden in vielen Bereichen gezielt eingesetzt. Wir fotografieren in Farbe, wir reagieren auf farbige Signale im Straßenverkehr sowie in der Werbung und wir setzen Farbakzente in unseren Wohnungen. Weshalb nutzen wir die Wirkung von Farben nicht auch im Büro an unserem Arbeitsplatz?

Der gezielte Einsatz von Farben ist eine gute Möglichkeit, eine rasche und einfache Struktur zu schaffen. Der Vorteil ist, dass auch ein Mensch, der wenig Sinn für eine akribische Ordnung hat, sehr schnell sieht, dass ein roter Ordner zwischen all den blauen Ordnern nicht richtig stehen kann.

Farbe für Ordner: Erstellen Sie eine Liste, welche Themen sich in Ihren Ordnern befinden, und ordnen Sie diesen Gruppen Farben zu. Rot könnte beispielsweise für Rechnungen stehen, Blau für Kundenakten, Grün für Lieferanten usw. Haben Sie schon Akten und möchten Sie nicht komplett in neue Ordner investieren, verwenden Sie farbige Rückenschilder oder beschriften Sie die Ordnerrücken in unterschiedlichen Farben. Haben alle Ordner die gleiche Farbe, ist eine weitere Möglichkeit, mit farbigen Klebepunkten zu arbeiten. Kleben Sie die Punkte OBEN auf die Ordner (Leserichtung). Bei der am häufigsten verwendeten Gruppe (das Thema mit den meisten Ordnern) sparen Sie sich die Punkte. Das „Nichtpunkten" bildet dann eine eigene Gruppe.

Farbe für Hängeregister: Erstellen Sie ähnlich wie bei den Ordnern eine Liste der Themen, die sich in der Registratur befinden. Hängemappen, -taschen und -hefter gibt es auch in unterschiedlichen Farben. Meist sind die Büros jedoch einheitlich mit braunen Mappen ausgestattet. Dann können Sie farbiges Papier für die Reiter verwenden oder die Reiter farbig beschriften beziehungsweise farbige Punkte auf die Reiter kleben. Auch mit 2 Reitern auf einer Mappe lassen sich Akzente setzen.

Farbe im Zeitplanbuch: Sind Sie ein Papiermensch und nutzen Sie ein Zeitplanbuch? Auch dort können Sie mit Farben arbeiten. Entweder notieren Sie unterschiedliche Aufgaben in unterschiedlichen Farben (Blau = Aufgaben, Schwarz = Telefonate, Grün = Privates) oder Sie kennzeichnen mit den Farben unterschiedliche Prioritäten (rot = A-Aufgaben/unbedingt heute erledigen, Blau = B-Aufgaben/ diese Woche erledigen, Grün = C-Aufgaben/(Routine-)Aufgaben für zwischendurch.

Farbe im E-Mail-Programm: Das Farbsystem lässt sich zudem wunderbar für verschiedene Arten von Terminen oder Aufgaben in Programmen wie Outlook nutzen. Markieren Sie alle Termine einer bestimmten Arbeitsgruppe oder alle Aufgaben für ein bestimmtes Projekt in derselben Farbe. Auch Absender lassen sich einfärben. Sie können Regeln erstellen, sodass die E-Mails von einem bestimmten Absender farbig in Ihrem E-Mail-Postfach angezeigt werden.

Ebbe und Flut

Post-, Papier-, Informations- und E-Mail-Flut – auf unterschiedlichen Wegen und Kanälen prasseln die Dinge nur so auf uns ein. Ein entscheidender Schritt, um Papierberge – auch langfristig – im Zaum zu halten, ist, die Zahl der eingehenden Unterlagen und Informationen zu reduzieren und möglichst klein zu halten. Einen Teil der Papierflut produzieren wir sogar selbst, indem wir E-Mails, die täglich über uns hereinschwappen, zusätzlich ausdrucken. Möchten wir hier etwas verändern, gilt es, noch bewusster mit diesen Dingen umzugehen und die eine oder andere Gewohnheit unter die Lupe zu nehmen und eventuell zu verändern.

Sinnvoller Umgang mit Papier und Informationen

Auch hier gilt: Jeder ist anders. Der eine hört Radio und liest nebenbei die Zeitung, um immer top informiert zu sein. Der andere schottet sich konsequent von Medien ab, um nicht im Strudel der Information zu versinken. Auch wenn das Gehirn trainierbar ist und wir es zum Teil gar nicht umfassend nutzen – die Aufnahmekapazität ist begrenzt. Da wir heute zu jeder Zeit und an jedem Ort Informationen und Reizen ausgesetzt sind, reagieren wir irgendwann mit Erschöpfungsanzeichen. In der Fachsprache wird dies Informationsasthenie genannt (Informationserschöpfung).

- **Den Informationsfluss verbessern**

Gerade beim Thema Information stecken wir in einem Dilemma. Einerseits wollen wir alles wissen, andererseits grenzen wir uns bewusst ab, um nicht in der Informationsflut zu versinken. Wir richten telefonfreie Zeiten ein, unterbinden ungebetene Werbung und verzichten auf Radioberieselung oder das Zeitunglesen.

Fatal in unserem Informationszeitalter ist, dass die Quantität der Informationen stetig steigt, während die Qualität immer mehr abnimmt. Wir wissen sehr viel mehr als unsere Vorfahren, doch reicht dieses Wissen häufig nicht in die Tiefe. Halten wir also fest: Mehr Information ist nicht gleich bessere Information.

> **Wir ertrinken in Information; aber wir hungern nach Wissen.**
>
> *John Naisbitt*

Hier einige Tipps, wie Sie den Informationsfluss verbessern können:

- Sprechen Sie regelmäßig mit den Menschen in Ihrem Umfeld (und schreiben Sie weniger Mails).

- Oft stellt sich die Frage, ob Informationen eine Bring- oder Holschuld sind. Warten Sie nicht auf Informationen, sondern werden Sie aktiv. Der andere kann nicht immer wissen, wovon Sie schon Kenntniss haben und was Sie noch benötigen.

- Arbeiten Sie nicht aneinander vorbei. Holen Sie sich lieber Zwischenstände und Feedback ein, um unnötige Arbeiten und Frustration zu vermeiden.

- Und: Setzen Sie nichts voraus. Oft tappen wir in die Selbstverständlichkeitsfalle, weil wir annehmen, dass das, was wir für selbstverständlich erachten, auch für unser Gegenüber selbstverständlich ist. Wir wundern uns dann, warum der andere nicht das tut, was wir in diesem Fall getan hätten.

Aufgabe: Ihr Informationsverhalten

Nehmen Sie sich bewusst Zeit und überlegen Sie:
- Über welche Kanäle werde ich im Moment informiert?
- Welche Kanäle nutze ich aktiv, welche eher passiv?
- Welches ist meine wichtigste/wertvollste Informationsquelle?
- Welche der Informationen benötige ich wirklich?
- Auf welche Informationen will ich künftig verzichten?
- Welche Informationen werde ich mir künftig wo beziehungsweise wie einholen?

Marotten und Fettnäpfchen

Es gibt verschiedene Gründe, warum Menschen Informationen horten, Mails ohne Ende versenden und dann auch noch alles ausdrucken. Was viele antreibt, ist Angst. Ja, wir wissen, Angst ist ein schlechter Berater. Dennoch können wir die Angst manchmal nicht abschalten und oft ist sie uns auch gar nicht bewusst.

Was ist hier genau mit Angst gemeint? Die Angst, etwas zu verpassen, dumm dazustehen, für einen Fehler verantwortlich gemacht zu werden, für den man gar nichts kann. Auch das Bedürfnis, sich abzusichern, und schlechte Erfahrungen in der Vergangenheit sind gängige Gründe, die für unvorteilhafte Gewohnheiten im Umgang mit Informationen und E-Mails verantwortlich sein können. Dadurch entwickeln wir Verhaltensweisen, die viel Zeit und Ressourcen kosten: Wir forschen zu intensiv, um alles zu wissen; wir geben wahllos alles weiter, damit man uns nicht nachsagt, wir hätten nicht informiert (oder weil es uns zu anstrengend ist, die Informationen zu selektieren); wir heben alles auf, falls einer irgendwann danach fragen sollte; bevor wir etwas weiterleiten, kopieren wir es lieber noch einmal, falls es verloren geht … Sicher kennen auch Sie einige dieser Marotten.

Ein weiterer Grund ist die Unüberschaubarkeit der Informationen, wodurch wir Zusammenhänge gar nicht mehr überblicken können. Der Anspruch, alles wissen zu wollen, ist toll und zeigt Ihr Engagement. Das gesamte Wissen der Menschen vervielfacht sich jedoch immer rasanter. Ende der 1990er-Jahre sprachen Wissenschaftler von durchschnittlich 5 Jahren. Und obwohl – oder gerade weil – wir über immer mehr Wissen verfügen und auch immer mehr Möglichkeiten und Kanäle haben, uns dieses Wissen zugänglich zu machen, leiden immer mehr Menschen unter Wissensdefiziten. Immer weniger Menschen sind dieser Wissensflut gewachsen.

Denn Wissen zu aktualisieren gehört ja so „ganz nebenbei" zu unseren täglichen Aufgaben.

Um sich klar darüber zu werden, welche Informationen für den Arbeitsbereich nötig sind, helfen Ziele und Aufgaben. Überlegen Sie, welches Ihre beruflichen Ziele sind. Daraus ergeben sich Ihre wichtigsten Aufgaben. Und daraus ergibt sich, welche Informationen Sie benötigen – und welche nicht.

Aufgabe: Ihre Ziele

Nehmen Sie sich Zeit und notieren Sie Ihre wichtigsten beruflichen Ziele. Beschränken Sie sich dabei auf die drei wichtigsten Ziele. Anschließend notieren Sie zu jedem der Ziele die wichtigsten Aufgaben. Überlegen Sie:

- Welche Informationen und Informationsquellen haben Sie, um diese Aufgaben erfolgreich zu lösen?
- Welche Informationen und Informationsquellen benötigen Sie noch?
- Wie und wann wollen Sie diese Informationen und Informationsquellen suchen beziehungsweise nutzen? (Denken Sie auch an lebende Quellen, also Menschen.)

Wiederholen Sie die Übung nun mit Ihren wichtigsten privaten Zielen. Nehmen Sie sich zudem einmal im Monat wenigstens 15 Minuten Zeit – besser noch einmal pro Woche –, um zu sehen, ob Sie noch „auf Kurs" sind. Und werfen Sie dabei auch immer einen kritischen Blick auf Ihre Ziele. Stimmen die Ziele noch oder haben sie sich verändert (Menge, Qualität, Zeitrahmen …)?

Akzeptieren Sie, dass Sie nicht alles aufnehmen und behalten können. Lernen Sie lieber, wichtige von unwichtigen Informationen zu unterscheiden. Die Kenntnis Ihrer Ziele und Aufgaben hilft Ihnen dabei.

Übrigens: Gute Informationen erkennen Sie daran, dass sie aktuell, inhaltlich/faktisch richtig, vollständig und verständlich sind, aus zuverlässiger Quelle stammen und zugänglich sind, sobald Sie sie benötigen.

• Informationsquellen nutzen

Ein Informationssystem besteht aus Menschen und Maschinen beziehungsweise Quellen oder Prozessen, die Informationen erzeugen, verteilen, bearbeiten und nutzen. Die Möglichkeiten, sich mit Informationen zu versorgen, sind sehr vielfältig. Sie befinden sich ständig im Wandel und immer neue Möglichkeiten kommen hinzu.

Unsere Herausforderung besteht darin, täglich mit all diesen Kanälen umzugehen und sie sinnvoll zu nutzen. Dabei eignen wir uns im Laufe der Zeit hilfreiche Gewohnheiten, aber auch weniger hilfreiche Marotten an. Und so, wie wir uns Dinge angewöhnen, können wir uns diese natürlich auch wieder abgewöhnen. Geben Sie sich beim Umgewöhnen jedoch etwas Zeit. Der Mensch braucht durchschnittlich 4 Wochen, bis er eine Gewohnheit verinnerlicht hat. Sie haben bestimmt auch eine Zeit gebraucht (wahrscheinlich länger als 4 Wochen), bis Sie Ihr derzeitiges Verhalten entwickelt hatten. Seien Sie also geduldig mit sich, falls Sie eine solche Umorientierung anstreben.

Hier einige Tipps, die Sie dabei unterstützen, sinnvoll mit Dokumenten und Vorgängen umzugehen, wobei Ihnen einiges bereits bekannt vorkommen dürfte:

- Dämmen Sie den Zustrom ein – kündigen Sie die Abos der Zeitungen und Zeitschriften, die sich ungelesen stapeln; kündigen Sie Newsletter; lassen Sie sich von Verteilern streichen.

- Bauen Sie für sich passende Ordnungsstrukturen auf.

- Geben Sie allen Dingen und Vorgängen einen festen Platz.

- Kopieren Sie nicht alles wahllos.

- Entwickeln Sie „Mut zur Lücke" – löschen Sie auch einmal eine Mail ungelesen oder entsorgen Sie die Zeitung ungelesen.

- Geben Sie Dinge, die andere betreffen, rasch an diese Personen weiter.

- Gewöhnen Sie sich den Grundsatz „Anfassen = Aktion" an.

- Treffen Sie Entscheidungen – jetzt.

- Überwinden Sie Ihre Aufschieberitis.

- Recherchieren Sie nicht zu intensiv, setzen Sie sich Zeitlimits.

- Sortieren Sie regelmäßig aus.

- Nutzen Sie Wiederbeschaffungsmöglichkeiten.

- Begrenzen Sie Lese-Stapel und lassen Sie diese nicht zu Müllhalden verkommen.

- Optimieren Sie Ihre Lesetechnik oder erlernen Sie eine.

- Regen Sie auch Ihre Mitmenschen zu Veränderungen an.

- UND: Belohnen Sie sich immer wieder einmal.

● Die Papierflut verringern

Ähnlich wie bei den Voll- und Leertischlern gibt es auch hier unterschiedliche Typen. Manche Menschen brauchen Papier, andere nicht. Eine Empfehlung, um die Papier- und Datenflut zu verringern heißt: entweder – oder. Entscheiden Sie sich, ob Sie das Dokument in Papierform oder in elektronischer Form ablegen. Allerdings zeigt die Praxis, dass manchmal in beiden Formen abgelegt wird, weil es einfach praktischer ist. Nicht alle Methoden funktionieren immer und überall. Überlegen Sie daher bewusst, wo sich die Entweder-oder-Regel sinnvoll anwenden lässt, und freuen Sie sich auch über kleine Verbesserungen und einen leichten Rückgang des „Wasserstandes".

Ferner reduzieren Sie Ihre Papierberge durch das konsequente Entsorgen. Feiern Sie doch zum Einstieg einmal eine „Wegwerf-Fete". Wenn Sie diese neue Freiheit genießen und richtig gut im Flow sind, dann gehen Sie noch einen Schritt weiter und dämmen Sie den Zustrom neuer Papiere ein. Das spart Ihnen später jede Menge Zeit, da Sie nicht so viel zu entsorgen haben.

TIPP

Maßnahmen zur Eindämmung der Papierflut

- *Stellen Sie einen zweiten Papierkorb auf (Kopierpapierkarton) und leeren Sie diesen in größeren Abständen.*
- *Richten Sie feste Zeiten für die Aktion „Wegwerfen" ein (wöchentlich/monatlich/1 x im Jahr).*
- *Entsorgen Sie Broschüren, Kataloge, Zeitschriften kontinuierlich.*
- *Reißen Sie bei Zeitschriften nur die relevanten Artikel heraus.*

- *Heben Sie bei Bedienungsanleitungen nur den deutschen Teil auf.*
- *Wenden Sie die Tauschregel an: Immer wenn Sie Neues ablegen, entfernen Sie gleichzeitig 1 bis 3 alte Informationen.*
- *Fallen Ihnen bei Suchvorgängen überflüssige Informationen auf, entfernen Sie diese sofort aus den Akten.*
- *Legen Sie alle Schriftstücke nur einmal ab. Arbeiten Sie mit einem Querverweis beziehungsweise einer Verknüpfung.*
- *Unterbinden Sie unerwünschte Informationen und machen Sie eine Newsletter-Diät.*
- *Wenn möglich, verzichten Sie bei Faxen auf das Deckblatt.*
- *Versehen Sie alle Unterlagen und Akten mit einem Wegwerfdatum.*
- *Entsorgen Sie Unterlagen, die nicht mehr den gesetzlichen Aufbewahrungsfristen unterliegen, konsequent oder lagern Sie diese wenigstens aus.*
- *Seien Sie im Zweifel lieber mutig im Wegwerfen und notieren Sie sich die Wiederbeschaffungsmöglichkeit.*
- *Lassen Sie sich beim Entsorgen von den folgenden Fragen leiten: Wann habe ich es das letzte Mal benutzt? Werde ich es jemals wieder nutzen? Würde ich es vermissen, wenn es gestohlen oder verbrennen würde?*

Der E-Mails Herr werden: Alles zu seiner Zeit

Bestimmt kennen auch Sie folgende Situation: Sie kommen aus einer Besprechung zurück und während Ihrer Abwesenheit sind jede Menge neuer E-Mails eingetroffen. Und schon kommt ein Anruf mit der Frage: „Haben Sie meine Mail schon gesehen?" Die Geschwindigkeit dieses Mediums ist ein wesentlicher Grund für unsere veränderten Arbeitsgewohnheiten, die bei manchen Menschen Stress erzeugen. Damit Sie nicht täglich in der E-Mail-Flut versinken, hier ein paar Anregungen. Für den täglichen Gebrauch eignen sich ein selbstbestimmter E-Mail-Rhythmus und die Einhaltung einiger Spielregeln sowohl für die Sender als auch für die Empfänger.

● Haltungen und Gründe: denken, tippen, überdenken, senden

Ein Zauberwort im Umgang mit E-Mails lautet „Bewusstheit". Das bedeutet zum einen, bewusst zu entscheiden, WANN Sie Ihre Mails bearbeiten, und zum anderen, bewusst zu entscheiden, WAS Sie per Mail bearbeiten (und was nicht). E-Mails sind ein sehr schnelles Medium – daher erwarten die Absender in der Regel rasch eine Antwort, sodass die Empfänger unter dem Druck stehen, schnell zu reagieren.

Zur Netiquette gehört, innerhalb von 24 Stunden eine Antwort oder einen Zwischenbescheid zu senden. Doch Vorsicht: Gerade weil E-Mails ein sehr schnelles Kommunikationsmittel sind, lassen wir uns verleiten, „mal schnell" eine Antwort zu schreiben ... Aber auch hier gilt: Was weg ist, ist weg. Tippfehler und falsche Informationen werden sehr rasch und flächendeckend verbreitet. Dies kommt beim Empfänger nicht gut an und wird leicht als Desinteresse oder Inkompetenz gewertet. Achten Sie daher in E-Mails auch auf die Dinge, die Ihnen bei einem Brief wichtig sind: korrekte Rechtschreibung, logischer Aufbau, höflicher Ton. Schreiben Sie zudem klar und direkt, damit jeder weiß, wann er angesprochen ist und was er zu tun hat.

Das Medium E-Mail ist auf Sprache und Inhalt reduziert. Da Optik und Stimme fehlen, kann es rascher zu Missverständnissen und kühl oder schroff wirkenden Botschaften kommen. Hier kommt erneut die Bewusstheit ins Spiel: Halten Sie bewusst die Höflichkeitsregeln ein und verwenden Sie lieber ein Bitte oder Danke zu viel als zu wenig.

Gerade in heiklen Situationen oder wenn Sie sich ärgern, stellt sich die Frage, ob eine E-Mail wirklich der geeignete Kommunikationskanal ist. Manchmal ist es gut, eine Mail zu schreiben – und noch besser ist es dann, die Mail nicht zu versenden. Fragen Sie sich: „Was wird mir mein Ärger morgen oder in einer Woche bedeuten?"

> Bist du wütend,
> zähl bis vier;
> hilft das nicht –
> dann explodier.
>
> *Wilhelm Busch*

Gut zu wissen: Benötigen Sie eine Information sofort, ist das Telefon auch heute noch das geeignetere Medium.

● Tipps für Sender

Um Zeit und Datenmüll zu sparen, gibt es in Unternehmen bereits Anweisungen, bei internen E-Mails auf Anrede und Gruß zu verzichten. Die meisten Menschen finden das sehr gewöhnungsbedürftig und eher unhöflich. Hier gibt es effektivere Tipps, professionell und zeitsparend mit Mails umzugehen:

- Wählen Sie Ihren Verteiler sorgfältig, nicht nach dem Gießkannen-Prinzip.

- Verwenden Sie auch die Funktion „CC" sparsam und wohlüberlegt. Die Empfänger werden es Ihnen danken.

- Legen Sie sich Verteilerlisten an. Das spart Zeit und es wird niemand vergessen.

- Formulieren Sie einen klaren, aussagekräftigen Betreff.

- Nutzen Sie die Betreffzeile als Text-/Informationszeile. Das

erspart dem Leser das Öffnen der Mail (nur bei vertrauten Empfängern zu empfehlen).

- Setzen Sie an den Anfang der Betreffzeile einen Anlass: Termin, Info, Aktion … Das hilft dem Empfänger beim Sortieren und Priorisieren.

- Schreiben Sie im Text genau, wer was wann machen soll. So vermeiden Sie, dass sich niemand oder alle angesprochen fühlen.

- Geben Sie genaue Termine an. Das hilft Ihrer Arbeitsorganisation und Wiedervorlage.

- Schreiben Sie pro Thema eine Mail. Das erhöht die Wahrscheinlichkeit einer Antwort in kürzerer Zeit und erleichtert die Ablage.

- Formulieren Sie KKP (kurz, knapp, präzise) und KKK (kurz, knapp, kulant), vor allem in schwierigen Situationen.

- Legen Sie Formulierungen für Standardsituationen an. Das spart Zeit und hilft Ihnen in Zeiten, in denen Sie weniger kreativ beim Formulieren sind.

- Senden Sie einen Link statt eines großen Anhangs. Das hält die Postfächer frei und reduziert die Wahrscheinlichkeit, dass Ihre Mail als Spam aussortiert wird.

- Vermeiden Sie Mehrfachablagen. Löschen Sie Ursprungsmails immer sofort, wenn Sie geantwortet haben (die Ursprungsmail befindet sich unten in Ihrer Mailantwort). Das entlastet Ihren Speicher und erhöht die Übersicht in der Ablage.

- Scheuen Sie sich nicht, Mails auch ungelesen zu löschen.

- Leiten Sie keine „lustigen" Mails weiter, schon gar nicht an die 100 besten Freunde. Das spart Zeit und erhält Freundschaften.

- UND: Greifen Sie auch hin und wieder einmal zum guten alten Telefon – das stärkt Beziehungen.

Übrigens: Eine weitere Anweisung, die immer häufiger anzutreffen ist: Ein Tag in der Woche ist intern E-Mail-frei, damit die Mitarbeiter auch wieder einmal miteinander sprechen.

• Tipps für Empfänger

Die E-Mail-Flut ist ein großer Zeitfresser geworden. Denn der Mensch an sich ist ja neugierig: Eine neue Mail kommt herein und schwupps wird nachgesehen, wer da schreibt. Wir könnten ja etwas verpassen. Und natürlich interessiert es uns, was der Absender möchte – es könnte schließlich wichtig oder dringend sein oder beides. Schon sind Sie aus Ihrer aktuellen Aufgabe herausgerissen, und was da in der Mail steht, ist auch nicht erquicklich. Eine Antwort haben Sie im Moment nicht parat, also schließen Sie die Mail und gehen zu Ihrer Aufgabe von vorhin zurück. Wo waren Sie da doch gleich stehen geblieben?

Als E-Mail-Empfänger haben Sie nur bedingt Einfluss darauf, wie viele Mails Sie wann erhalten. Wie Sie jedoch mit diesen Mails dann umgehen, darauf haben Sie Einfluss. Um Zeit zu sparen und zu verhindern, dass Ihnen Mails durchrutschen, lesen Sie diese nur, wenn Sie wirklich Zeit haben beziehungsweise sich die Zeit nehmen wollen, die Mails dann auch zu bearbeiten.

Überlegen Sie gut, ob Sie morgens mit Ihren E-Mails in den Arbeitstag starten wollen (Gefahr der Verzettelung). Beginnen Sie lieber mit 1 bis 2 wichtigen Aufgaben und bearbeiten Sie erst dann Ihre Mails – dann haben Sie bereits etwas erledigt. Beherzigen Sie darüber hinaus Folgendes:

- Schalten Sie die Erinnerungsfunktion aus und gewöhnen Sie sich einen E-Mail-Rhythmus an. Das unterstützt Ihr aktives Zeit- und Selbstmanagement und Sie agieren, statt zu reagieren.

- Arbeiten Sie nach dem Prinzip Anfassen = Aktion. Dann treffen Sie immer eine Entscheidung und Sie übersehen beziehungsweise vergessen nichts.

- Bearbeiten Sie zuerst die Mails mit der höchsten Priorität und terminieren Sie alle Mails, um die Sie sich noch nicht kümmern konnten. Damit geben Sie den wichtigen Dingen Vorrang.

- Setzen Sie elektronische Erinnerungen oder tragen Sie die Mail als Aufgabe in Ihre To-do-Liste ein. So stellen Sie sicher, dass Sie nichts vergessen.

- Erstellen Sie eine sinnvolle Ordnerstruktur. Das erspart Ihnen das Suchen.

- Erstellen Sie Regeln oder kennzeichnen Sie Mails farbig. Das schafft eine bessere Übersicht und Sie können die Mails gebündelt nach Thema oder Absender bearbeiten.

- Legen Sie Newsletter-Pausen ein. Sie können sich jederzeit wieder anmelden.

- Seien Sie konsequent im Bearbeiten und Löschen – Sie wissen, wo Sie die Dinge gegebenenfalls wieder herbekommen können.

- Behalten Sie Ihr ZIEL im Auge. (Was bringt mir diese Mail für meine Aufgabenstellung?)

- Legen Sie sich unterschiedliche E-Mail-Adressen für unterschiedliche Bereiche/Zwecke zu. Das entzerrt den Posteingang und Sie können Themen gebündelt bearbeiten.

Mit PEP an den Schreibtisch: Ihr persönlicher Entwicklungsplan

Sie ahnen es vermutlich schon: Da es Ihr persönlicher Entwicklungsplan ist, sind Sie gefordert. Vielleicht haben Sie ja schon einen Plan, was Sie jetzt noch tun möchten. Einen Plan zu haben, auch im Sinne einer Idee, ist schon einmal gut. Was bei der Umsetzung noch hilfreich ist, ist das Gewusst-wie und – ebenfalls wichtig – Begeisterung für den Plan. Denn fehlt diese, wird die Umsetzung entweder sehr anstrengend oder gar nicht erst in Angriff genommen. Denken Sie zudem daran, dass Entwicklung immer ein Prozess ist und Zeit braucht. Haben Sie noch keinen Plan für Ihren PEP, finden Sie hier noch ein paar Impulse.

Checklisten

Checklisten sind hilfreiche Werkzeuge. Sie können einfach oder komplex, zum Ankreuzen oder als Fragenkatalog gestaltet sein – je nach Anwendung und persönlicher Vorliebe. Checklisten sorgen dafür, dass wir nichts vergessen, und machen gleichzeitig unseren Kopf frei. Sie schaffen Transparenz, geben uns und anderen rasch einen Überblick über den Stand einer Aufgabe oder eines Projektes: Was ist erledigt, was ist noch zu tun? Arbeiten und feilen Sie so lange an Ihrer Checkliste, bis sie für Sie passt. Und war eine Checkliste hilfreich und erfolgreich, archivieren Sie sie unbedingt – als Idee für künftige Listen.

● Allgemeine Checkliste

Diese Liste können Sie zum Beispiel bei der Zwei-Listen-Technik verwenden (siehe Seite 22). Hier wird alles der Reihe nach notiert, so wie es hereinkommt. Danach geht jede Aufgabe in die Feinplanung und wird mit einer Priorität und einem Erledigungstermin versehen.

Oder Sie nutzen eine dieser Listen pro Tag beziehungsweise pro Woche – je nachdem, wie viele Aufgaben Sie haben.

Muster: Checkliste

Aufgaben/Übersicht/...		

- **Aufgabenliste/Aktivitätenliste**

Diese Liste ist etwas für Menschen, die sehr genau planen möchten. Interessant ist dabei die Spalte „Beginn am". Dieser Planungsschritt kann davor schützen, zu spät mit Aufgaben zu beginnen, und hilft somit, am Ende Zeitstress zu vermeiden.

Schreiben Sie immer alles auf und pflegen Sie Ihre Liste täglich.

Muster: Aufgabenliste/Aktivitätenliste

ABC/ Priorität	Aufgabe/ Thema	Fach-Nr.	Dauer	Beginn am	Ende/ Fertig bis	O.K./ erl.

• Wochenplan

Diese Liste vereint Privates sowie Berufliches und analysiert gleichzeitig das Verhältnis an geplanten und spontanen Aufgaben. Dies kann Ihnen für Ihre mittel- und langfristige Planung wertvolle Erkenntnisse liefern.

 **Muster:** Wochenplan

Wochenplan; KW	
Montag:	Meine geplanten Aufgaben:
Dienstag:	
Mittwoch:	
Donnerstag:	
Freitag:	Ungeplante Aufgaben, die während der Woche hereinkommen:
Samstag:	
Sonntag:	
Wochenmotto:	Private Aufgaben:

Ihr Wohlfühl-Arbeitsplatz

Wir verbringen viel Zeit an unseren Schreibtischen. Natürlich möchten wir die Zeit produktiv nutzen und gleichzeitig gern an unseren Arbeitsplatz gehen. Um wirklich produktiv zu sein, ist es sehr wichtig, dass wir uns wohlfühlen. Gestalten Sie Ihren Arbeitsbereich daher so, dass er praktisch und attraktiv ist. Geben Sie Ihrem Arbeitsplatz die ihm gebührende Wertschätzung – denn er unterstützt Sie bei Ihren täglichen Aufgaben.

● Mein Schreibtisch-Check

Aufräumen und Ordnung halten ist ein Prozess. Sie verändern sich, Ihre Arbeit verändert sich, Ihre Ansprüche verändern sich. Machen Sie diese Übungen ein- bis zweimal pro Jahr und schauen Sie, was sich verändert hat und was aktuell für Sie passt. Hier ein paar Fragen, die Ihnen bei einem „Check" helfen:

- Wie gern kommen Sie an Ihren Schreibtisch? Was gefällt Ihnen? Was blockiert Sie?

- Wie ist die Atmosphäre im Raum?

- Wie sitzen Sie im Raum (Blick zur Tür/zum Fenster)?

- Wie sitzen Sie am Tisch? Ist Ihr Stuhl optimal eingestellt?

- Werden Sie beim Arbeiten am Bildschirm geblendet?

- Haben Sie alles Nötige in Griffweite? Was ist praktisch? Was ist unpraktisch?

- Nutzen Sie wirklich alles täglich, was sich auf Ihrem Schreibtisch befindet?

- Gibt es einen „Heiligen Bereich"?

- Wie viele persönliche Dinge befinden sich auf Ihrem Schreitisch und wie viele benötigen Sie wirklich?

- Wie oft suchen Sie Vorgänge?

- Welche Materialien und Hilfsmittel kennen Sie? Welche nutzen Sie?

- Gibt es Körbe? Brauchen Sie wirklich alle?

- Ist alles klar und deutlich beschriftet?

- Gibt es Stapel? Wie sind diese strukturiert/sortiert?

Zusatz-Tipp: Stellen Sie sich in 1 bis 2 Metern Entfernung vor Ihren Schreibtisch und betrachten Sie ihn, als sähen Sie ihn zum ersten Mal. Was fällt Ihnen auf?

Hier ein Schnell-Check im Überblick:

Muster: Arbeitsplatz–Check

Was gefällt mir?	Was blockiert mich?
Was ist praktisch?	**Was ist unpraktisch?**
Was will ich so lassen?	**Was will ich ändern?**

Verlassen Sie Ihren Schreibtisch eher fluchtartig, kann es sein, dass Sie am nächsten Morgen das Büro betreten, Ihren Schreibtisch sehen und gleich schon für den ganzen Tag bedient sind. Gewöhnen Sie sich deshalb an, Ihren Schreibtisch abends aufzuräumen.

So schließen Sie den Tag aktiv ab (Was wurde erledigt, was steht morgen als Erstes an?) und Sie können morgens an Ihrem aufgeräumten Schreibtisch durchstarten wie ein Düsenjet – auch wenn Sie sich vielleicht frühmorgens noch wie eine lahme Ente fühlen.

● Aktionsplan für Ordnung im Büro

Die folgende Liste können Sie als Ausgangspunkt auf dem Weg zu Ihrem neuen, für Sie optimalen Schreibtisch nutzen und sich dann Anregungen aus dem Buch dazu holen. Oder Sie überlegen sich zuerst die für Sie wichtigsten Themen, holen sich dann die Tipps dazu und erstellen im Anschluss daran mithilfe dieser Liste Ihren persönlichen Aktionsplan.

Muster: Aktionsplan

Was möchte ich tun?	Priorität	Wie? Wodurch? ▶ Aktion	Wann beginnen bzw. Endtermin
Den Schreibtisch aufräumen			
Aufräumzeiten planen und im Kalender eintragen			
Stapel abbauen			
Materialien (Mappen, Körbe …) besorgen			
Bei allen neu eingehenden Unterlagen SOFORT eine Entscheidung treffen			
Mit einer Wiedervorlage arbeiten			
Den Papierstrom/ unnötige Informationen reduzieren			

Wichtige Informationen erkennen lernen			
Informationen zugänglich(er) machen			
Lesegewohnheiten ändern/optimieren			
Dokumente ab sofort effizient bearbeiten			
E-Mail-Verhalten optimieren			
Andere zu verändertem Verhalten anregen (Beispiele)			

Notieren Sie sich die Themen und Punkte, die Ihnen wichtig sind, und versehen Sie diese mit Prioritäten, Terminen und konkreten Aktionen. Dabei gilt wie so oft: Weniger ist mehr. Lieber nur 2 Punkte notieren und diese konsequent umsetzen als von 10 Punkten keinen umsetzen und ständig ein schlechtes Gewissen mit sich herumschleppen.

Haben Sie Ihre neue Ordnung gefunden und möchten Sie diese aufrechterhalten, dann empfiehlt es sich, feste Intervalle für bestimmte Aktionen zu reservieren und das System entsprechend diesen Vorgaben zu pflegen. Sie allein entscheiden, was Sie wann beziehungsweise in welchen Abständen konkret tun und im Auge behalten möchten.

Die Aktivitäten und Intervalle in der folgenden Checkliste sind nur als Idee gedacht. Notieren Sie sich konkrete Beispiele und die passenden Zeitrahmen für Ihren Arbeitsbereich.

Werkzeuge: Systeme aufrechterhalten

Wann/Intervall	Was?/Wo?	Aktion
Ständig/SofortBeispiel	Schreibtisch/PCIndividuelle Akten	Alles sofort in den richtigen OrdnerNeu gegen Alt tauschen
1 x täglichBeispiel	Schreibtisch/AblageE-Mails	Neue Akten anlegenIn richtigen Ordner ablegen, Laufendes prüfen/erledigen, Ausgangskorb leeren
1 x wöchentlichBeispiel	Arbeitsakten	Neue Akten anlegen, Pläne schreiben, Erledigtes ablegen/entfernen
1 x monatlichBeispiel	Nachschlageakten	Wiederverwendetes zu Arbeitsakten sortieren; Volles aus-/umsortieren
1 x pro Quartal oder2 x pro JahrBeispiel	Gesamtes System	Erledigtes archivieren oder entsorgen (Fristen), System prüfen/optimieren (Arbeitsweise, Prozesse, Kontakte …)

● Dranbleiben – auch in stürmischen Zeiten

Oft funktionieren unsere Systeme gut – bis sich die Rahmenbedingungen ändern. Wir schaffen es, eine gewisse Ordnung zu halten und unsere Systeme aufrechtzuerhalten, solange wir unseren gewohnten Rhythmus haben. Kommen aber ungewohnte Einflüsse von außen – zum Beispiel ein höheres Arbeitsvolumen – auf uns zu, verlassen wir unsere Systeme. Wir fangen an, weniger Entscheidungen zu treffen, Vorgänge mehrfach in die Hand zu nehmen, diese nicht abschließend oder gar nicht zu bearbeiten und einfach erst mal irgendwohin zu legen. Es entstehen rasch Stapel sowie Wanderdünen und unfertige Aufgaben häufen sich auf dem Tisch – weil wir keine Zeit haben und gerade im Stress sind. Dieses Arbeitsverhalten erhöht das Arbeitsvolumen und den Stress zusätzlich.

Wenn Sie merken, dass sich Ihr Arbeitspensum und Ihr Stresspegel erhöhen, reagieren Sie so früh wie möglich. Hier ein „Erste-Hilfe-Kasten" gegen Stress:

- **Planung vor Aktion:** Wenn Sie das Gefühl haben, alles wächst Ihnen über den Kopf, und Sie haben keinen Überblick mehr über Ihren Schreibtisch und Ihre Aufgaben, ist Ihre wichtigste und dringendste Aufgabe, sich diesen Überblick zu verschaffen. In solchen Momenten verfallen wir meist in blinden Aktionismus: „Ich muss das vom Tisch bekommen. Doch wo fange ich an? Egal – Hauptsache, es bewegt sich etwas!" Und genau das ist der falsche Weg. Wenn Sie das Gefühl haben, das Chaos bricht gerade über Sie herein, dann erstellen Sie eine aktuelle Planung und führen dabei eine schnelle Aufräumaktion durch. Nehmen Sie sich dafür mindestens 10 Minuten Zeit. Notieren Sie Ihre Aufgaben und kennzeichnen Sie die 3 wichtigsten Aufgaben, die Sie im

Anschluss sofort bearbeiten. Vielleicht brauchen Sie auch eine halbe Stunde für diese Aktion. Nehmen Sie sich die Zeit – es ist gut investierte Zeit. Sie wissen wieder, welches Ihre aktuellen Prioritäten sind, haben die Aufgaben entsprechend sortiert und den Kopf wieder frei. Jetzt können Sie loslegen!

- **Termine verschieben oder streichen:** Termine vereinbaren wir oft mittel- und langfristig. Und in dem Moment, in dem wir den Termin vereinbaren, passt er gut in unsere Planung. Doch dann kommt kurzfristig etwas dazwischen, das keinen Aufschub duldet. Wenn Sie also das Gefühl haben, in Ihren Terminen und Aufgaben nicht auf-, sondern unterzugehen, schauen Sie, welche Termine sich streichen oder wenigstens verschieben lassen. Gehören Sie zu den Menschen, die sich den Kalender häufig zu voll packen, halten Sie Zeitfenster frei, die Sie (möglichst) nicht vergeben. Auf diese Weise haben Sie immer einen Zeitpuffer für sich und unvorhergesehene Aufgaben. Um diese Puffer nicht versehentlich herzugeben, kennzeichnen/schraffieren/blocken Sie die Zeiten, die Sie nicht vergeben möchten.

- **Unterstützung anfordern beziehungsweise einholen:** Arbeiten Sie in einem Unternehmen oder Team, haben Sie vielleicht die Möglichkeit, sich Unterstützung zu holen. Sehen Sie im beruflichen Bereich keine Möglichkeit, dann prüfen Sie in Ihrem privaten Bereich, wo oder wie Sie sich entlasten können. Wir alle entwickeln in unserem Leben Glaubenssätze und Angewohnheiten, die es manchmal zu überdenken oder für einen bestimmten Zeitraum außer Kraft zu setzen gilt. Fragen Sie sich: Muss ich wirklich die Geschirrtücher bügeln oder kann ich sie auch ungebügelt verwenden? Muss ich die Fenster selbst putzen oder engagiere ich einen Profi, der viel schneller ist? Muss ich den Kuchen für die Kaffeerunde selbst backen oder darf ich auch einmal eine Torte kaufen? Auch „Tauschrunden" haben sich bewährt – der eine backt Kuchen für alle, der andere gießt dafür den Garten oder macht eine Erledigung. Vielleicht finden Sie Bereiche, in denen Sie sich zukünftig entlasten können, bevor der Stress über Sie hereinbricht.

- **Neue Aufgaben ablehnen:** Gerade wenn Ihre To-do-Liste schon kilometerlang ist und Ihr Kalender aus allen Nähten platzt, ist es wichtig, sich von neuen Aufgaben abzugrenzen. Geben Sie einen kurzen Hinweis auf die aktuelle zeitliche Situation und nennen Sie aktiv einen Zeitpunkt, der gut für Sie und Ihr Zeitbudget ist. Um einer dauerhaften Aufgabenüberflutung vorzubeugen, gibt es ebenfalls einen Tipp: Alt gegen Neu. Immer wenn Sie eine neue Aufgabe übernehmen, schauen Sie, welche der bisherigen Aufgaben Sie abgeben können. Dies ist auch ein guter Zeitpunkt, um eine kurze Bestandaufnahme der aktuellen Arbeitssituation durchzuführen. Es gibt immer wieder Aufgaben, die haben wir mit Freude ausgeführt, aber irgendwann finden wir diese Aufgabe langweilig oder unsinnig – ein guter Zeitpunkt, sich von dieser Aufgabe zu trennen. Und es gibt auch Aufgaben, die nicht mehr in dieser Form oder manchmal gar nicht mehr erforderlich sind. Die Aufgaben-Tausch-Aktion funktioniert auch mit Kollegen: Ich mache etwas für dich, du machst etwas für mich. Oder

ich mache etwas für dich und dafür bekomme ich einen Blumenstrauß. Hüten Sie sich davor, Aufgaben ohne eine wie auch immer geartete Gegenleistung anzunehmen.

- **Auf die aktuellen Aufgaben konzentrieren:** Erstellen Sie ganz konsequent Ihre Aufgabenliste mit Ihren im Moment wichtigsten und dringendsten Aufgaben. Vertagen Sie dabei konsequent nicht zeitgebundene Aufgaben beziehungsweise Aufgaben, die zwar nett, aber jetzt noch nicht an der Reihe sind.

Vertagen Sie in einer Stressphase sehr zeitintensive Aufgaben (sofern das möglich ist), da diese Ihnen das Gefühl vermitteln, nichts wegzuschaffen. Um noch rascher voranzukommen, können Sie in diesem Zusammenhang auch prüfen, welche Aufgaben Sie eventuell noch effizienter erledigen können. Finden Sie diesbezüglich im Moment keine Ansatzpunkte, vertagen Sie das auf eine stressfreiere Zeit. Damit es nicht in eine undefinierte Aufschieberitis ausartet, setzen Sie sich am besten dafür jetzt gleich einen Termin.

Wann wollen Sie in Ruhe über Ihre Arbeitsorganisation nachdenken?

- **Störungsfreie Zeiten schaffen („Stille Stunde"):** Gerade in stressreichen Zeiten sind solche störungsfreien Zeiten, in denen wir konzentriert etwas wegschaffen können, sehr hilfreich. Seien Sie noch etwas konsequenter mit dem E-Mail-Rhythmus – Sie entscheiden, wann Sie Ihre Mails lesen. Lassen Sie zudem Ihren Anrufbeantworter für sich arbeiten und bündeln Sie die Rückrufe. Schließen Sie Ihre Tür, insbesondere wenn Sie zu Hause arbeiten (informieren Sie vorher Ihre Familie, wann Sie wieder ansprechbar sind). Auch hier ist es natürlich besser, langfristig beziehungsweise dauerhaft an stille Stunden im Kalender zu denken und diese einzuplanen. Denn ein Zeitfenster, das nicht benötigt wird, aus dem Kalender herauszunehmen ist einfacher, als eines in einem vollen Kalender einzuplanen. Schon kleine Einheiten helfen sehr. Schon 15 Minuten können ausreichen, um die Planung zu aktualisieren, die Aufgaben neu zu sortieren oder eine Aufgabe abzuschließen. Oder – ebenfalls ganz wichtig – um eine Pause zu machen, in Ruhe einen Tee oder Kaffee zu trinken, ein Stück Obst zu essen beziehungsweise eine Runde spazieren zu gehen. Zwar ist die stille Stunde in der klassischen Literatur dafür nicht gedacht, aber es hilft Ihnen, wieder einen klaren Kopf zu bekommen und dann mit Elan an die Arbeit zu gehen.

- **Zeitversetzt arbeiten:** Ändern Sie in Stressphasen – gerade wenn Sie im Büro mit anderen zusammen arbeiten – Ihren Arbeitsrhythmus. Kommen Sie morgens eine Stunde früher und nutzen Sie die Zeit für Ihre aktuellen Aufgaben. Dann haben Sie schon etwas geschafft, bevor die Kollegen kommen oder die Telefone zum Leben erwachen. Sind Sie eher der Abendmensch, dann bleiben Sie eben einmal länger und schaffen hier noch richtig was vom Schreibtisch.

- **Privatgespräche vermeiden:**
Gerade in arbeitsreichen Zeiten neigen wir zur Vermeidungsstrategie: Wir machen alles Mögliche, nur nicht das, was gerade eine hohe Priorität hat. Und wenn die Aufgabe dann auch noch unangenehm ist, nutzen wir buchstäblich jede Möglichkeit, uns ablenken zu lassen. Ja, ein Austausch und eine Auszeit sind wichtig. Wenn Sie dem Privatgespräch aber den Vorzug gegenüber der zu erledigenden Aufgabe geben, dann beschweren Sie sich bitte nicht darüber, dass Sie so im Stress sind …

- **Besprechungen/Besprechungszeiten reduzieren:**
Nehmen Sie anstehende Besprechungen genau unter die Lupe. Ist Ihre Teilnahme wirklich erforderlich oder können Sie die Zeit im Moment effektiver an Ihrem Schreibtisch nutzen? Lässt sich eine Besprechung nicht vermeiden, versuchen Sie, aktiv Einfluss auf die Länge zu nehmen. In einem Zweier-Gespräch ist das natürlich einfacher als in einer Runde mit 10 Leuten. Vielleicht besteht ja die Möglichkeit, nur bei einem Teil der Besprechung anwesend zu sein. Sehr hilfreich ist, gleich

zu Beginn anzukündigen, welchen Zeitrahmen man vorgesehen hat beziehungsweise wann man die Runde verlassen wird. Das Interessante dabei ist: Kündigt man an, dass man nur 30 Minuten Zeit hat, wird alles Wichtige in der Zeit besprochen sein. Denn eine Erfahrung im Umgang mit der Zeit ist: Jede Aufgabe braucht die Zeit, die wir ihr geben. Setzen Sie sich also immer ein Zeitlimit für Ihre Aufgaben.

- **Prioritäten mit anderen abstimmen/neu festlegen:** Werfen Sie einen kritischen Blick auf Ihre To-do-Liste. Welche Erledigungstermine könnten Sie eventuell etwas nach hinten schieben? Fragen kostet ja nichts. Ja, gut, etwas Zeit, aber wenn Sie dadurch wieder etwas Luft für die Bearbeitung erhalten, dann hat sich der vergleichsweise geringe Aufwand mehr als gelohnt. Vielleicht gibt es auch Termine, die Sie sich selbst gesetzt haben und somit auch selbst umplanen können. Um eine dauerhafte Überforderung zu vermeiden, planen Sie realistisch, nehmen Sie sich nicht zu viel vor und denken Sie an die Puffer.

Aufgabe: Zeit gewinnen

Sie haben 3 Möglichkeiten, Zeit zu gewinnen:
- Sie erledigen die Aufgaben effizienter.
- Sie lassen Arbeiten von anderen erledigen.
- Sie konzentrieren sich auf die wirklich wichtigen (und dringenden) Aufgaben.

Listen Sie nun zu jeder Möglichkeit einige Aufgaben auf:
- Was können Sie effizienter erledigen?
- Was können Sie delegieren (haben es bisher jedoch noch nicht getan)?
- Welches sind derzeit Ihre wirklich wichtigen Aufgaben?
- Auf welche Aufgaben möchten oder müssen Sie sich im Moment konzentrieren?

TIPP

Die besten Mittel gegen Aufschieberitis

- Ändern Sie Ihre innere Einstellung.
- Definieren Sie Ziele (neu).
- Ändern beziehungsweise passen Sie Ihre Ziele an.
- Arbeiten Sie mit einem Zeitplan beziehungsweise Zeitplansystem.
- Erstellen Sie eine To-do-/Aufgabenliste.
- Setzen Sie Prioritäten.
- Legen Sie einen konkreten Arbeitsbeginn für Ihre Aufgaben fest.
- Erledigen Sie Aufgaben GSP (gut statt perfekt).
- Zerlegen Sie größere Aufgaben in überschaubare Teilaufgaben.
- Arbeiten Sie in kleinen Zeitblöcken.
- Erledigen Sie überschaubare Aufgaben sofort.
- Erzählen Sie anderen, bis wann eine Aufgabe abgeschlossen sein muss.
- Erledigen Sie nach einer angenehmen Aufgabe eine unangenehme – und umgekehrt.
- Delegieren Sie (so viel wie möglich/nötig).
- Loben und belohnen Sie sich zwischendurch einmal.
- Lassen Sie sich beraten beziehungsweise holen Sie sich Hilfe.
- Schalten Sie Störfaktoren aus.
- Sagen Sie öfter einmal Nein.
- Lassen Sie sich von Rückschlägen nicht entmutigen.

Register

A

A-Aufgaben 32f.
Ablage 84ff.
  Check 94
  goldene Regeln 89
  schlanke 90
Ablagekriterien 84ff.
Akten, Entsorgungsplan 93
Aktenplan 85f.
Aktionsplan 127f.
Aktivitätenliste 122
Ansprüche, eigene 27
Arbeitsmittel 53ff.
Arbeitsplatz-Check 126
Arbeitstag, Abschluss 52
Aufbewahrungsfristen 91
Aufgaben
  aktuelle 136f.
  neue 135f.
Aufgabenliste 122
Aufschieberitis 25, 34, 137, 141

B

B-Aufgaben 32f.
Besprechungen 138f.
Bewusstheit 111

C

C-Aufgaben 32f.
Checklisten 120ff.

D

Dateinamen 88
Dokumente, Schnellcheck 74
Dringlichkeit 32

E

E-Mails 110ff.
  Eignung als Kommunikationsmittel 111f.
  Tipps für Empfänger 115ff.
  Tipps für Sender 112ff.
Eckspanner 64
Eingangskorbbeschriftung 46
Entscheidungen treffen 11ff.
Entwicklungsplan,
  persönlicher 119ff.
Erfolg, dauerhafter 18

F

Farben, Einsatz von 95f.

G

Gegenstände auf dem Schreibtisch, Daseinsberechtigung 39ff.
Gewohnheiten 14ff.

H

Haltung, grundsätzliche 8ff.
Hängemappen 60
Hängeregistratur 64f.
Headset 62
Heftung 65, 84
Heiliger Bereich 42f.
Hilfsmittel 58ff.
  Einsatzbereitschaft 66

I

Index-Haftstreifen 60
Informationen, Umgang mit 100ff.
Informationsfluss,
  Verbesserung 100ff.
Informationsquellen,
  Nutzung 106f.
Informationsverhalten,
  persönliches 103ff.

J

Jurismappen 64

K
Kleinkrambeutel **64**
Körbe-System **44ff.**

L
Leertischler **38ff.**
Lesestapel **67ff.**

M
Mindmap **22f.**

N
Nachbereitung **30f.**
Netiquette **111**
Nice-to-have-Aufgaben **35**
Notizen verwalten **47ff.**

O
Ordnungssystem,
    Veränderung **10f.**

P
Papierflut, Eindämmung **108f.**
Papierkorb **62f.**
Pareto-Prinzip **28f.**
Perfektionismus **26**
Prioritäten **139**
    setzen **31ff.**
Privatgespräche **138**
Projekte, Unterteilung **9f.**
Prospekthüllen **63f.**
Pultordner **64**

R
Radikalkur für den Schreibtisch **54f.**
Routinen **14ff.**
Rückruf-Bitten **50**

S
Schreibtisch-Check **124ff.**

Schriftlichkeit, Prinzip der **20ff.**
Sichthüllen **63f.**
Sofort-Prinzip **24f.**
Stapel auflösen **69ff.**
Stehsammler **65**
Stifte **62**
Störungsfreie Zeiten **137**
Stress, Erste-Hilfe-Kasten **132ff.**
Systeme aufrechterhalten **131**

T
Telefonnotizen **50f.**
Termine verschieben **133**
Themenspeicher **62**
Trainingsplan **17**
Trennblätter **59f.**

U
Unterstützung **134**

V
Veränderung **8ff.**
Volltischler **38ff.**

W
Wertstufen **92**
WEWA-Technik **69ff.**
Wichtigkeit **32**
Wiedervorlage **76ff.**
    nach Termin **79**
    chaotische **79f.**
Wiedervorlage,
    Inhaltsverzeichnis **81**
Wochenplan **123**
Wohlfühl-Arbeitsplatz **124ff.**

Z
Zeit gewinnen **140**
Zeitversetztes Arbeiten **137f.**
Ziele, eigene **19**, **104**
Zwei-Listen-Technik **22**